SF 소설 읽기

리터러시교육총서

SF 소설 읽기

김정숙 지음

대한민국, 서울, 학이시습, 2025

SF 소설 읽기

지은이 김정숙
펴낸이 박영률

발행일 2025년 7월 15일

학이시습
출판등록 2007년 8월 17일 제313-2007-000166호
02880 서울시 성북구 성북로 5-11 (성북동1가 35-38)
전화 (02) 7474 001; 팩스 (02) 736 5047
learningbooks@commbooks.com
www.commbooks.com

Lifelong Learning Books
5-11, Seongbuk-ro, Seongbuk-gu, Seoul, 02880, KOREA
phone 82 2 7474 001, fax 82 2 736 5047

학이시습은 커뮤니케이션북스(주)의 평생학습 전문 브랜드입니다.

ISBN 979-11-430-0607-3

책값은 뒤표지에 있습니다.

SF 소설이 좋은 삶을 묻다

SF 소설은 과학적 상상을 다룬 허구다. 적어도 판타지는 아니다. 하나의 스토리가 SF가 되려면 일관성 있는 설명이 필요하다. 물리적 법칙이 일어난다거나 미래에 일어날 것 같은 그럴듯함이 보여야 한다. 이때의 과학은 반드시 자연과학만을 의미하지 않는다. SF 소설은 자연과학, 사회과학, 인문과학의 범위 안에서 과학적 개연성을 가진 주제로 구성된다.

브뤼노 라투르(Bruno Latour)는 세상을 바꿔 놓은 전략적인 장소들이 역사상 늘 존재했다고 말한다. 그에 따르면 서양의 중세에 전략적 장소는 성당이었고, 과학 발전이 융성해진 근대의 그곳은 공장이었다. 그리고 현대에 이르러서는 사실의 생산 공장으로서의 실험실이 전략적 장소가 되었다(Latour, 2012). 토머스 쿤의 패러다임 관점 이후 과학 지식의 결정론에 대한 믿음은 유지되기 어려워진 것도 사실이다. 라투르의 말대로라면 지금-여기의 세상을 전략적으로 바꾸고 있는 곳은 실험실이다. 그렇다면 우리는 그 실험실이 만들어 내는 과학적 산물들과 불가분의 관계를 맺으며 '바뀌고 있음'의 한가운데서 살고 있다. 복잡다단하게 관계하는 과학의 내적 작동은 알지 못한 채로 말이다.

SF 소설은 그 실험실의 산물과 불가분의 관계를 맺고 있는 장르다. 물리학의 산물이 우주를 다루는 SF 소설로, 생물학의 산물이 증강 인간을 다루는 SF 소설로, 나노실험실의 산물이 나노봇을 다루는 SF 소설로, 기술 사회의 논쟁적 이야기를 '우회'하여 알린다. 기술 사회의 삶에서 파생된 약자와 그에 대한 차별 이야기도 알린다.

SF 소설은 문예적 상상이라는 그럴듯한 허구와 과학적 개연성을 동시에 다룬다. 좋은 SF 소설이라면 그 서사는 문예적 상상을 다룬 이야기에 잘 짜인 논쟁을 엮은 과학적 서사일 것이다. 그런데 SF 소설에서 잘 짜인 논쟁이란 무엇일까. 아마도 이것은 삶의 문제를 놓고 벌이는 가치관 논쟁에서 찾아볼 수 있을 것이다. SF 소설 텍스트에서 암묵적으로 또는 명시적으로 발견되는 대화들의 경합은 대부분 윤리적 문제와 유관한 것들이기 때문이다. SF 소설에서 잘 짜인 논쟁 텍스트를 읽을 때는 좋은 삶을 지향하는 담화와 그렇지 못한 담화를 구별하며 이해해 나가는 것이 좋다.

손화철은 기술의 문제에 사람들이 관심을 가지고 정책

이나 기술 개발에 자기 의견을 나타낼 수 있으려면 기본적으로 과학기술 문해력을 가져야 한다고 주장한다. 그에 따르면 과학기술 문해력은 지금 사용되고 있는 특정 과학기술이 인류의 삶을 어떻게 바꿨는지 가르치는 것을 통해 알 수 있다(손화철, 2020). 손화철이 이야기하는 과학기술 문해력은 과학적 소양을 갖춘 시민 역량과 유사한 개념일 것이다. SF 소설 읽기를 통해 얻고자 하는 역량도 그 궤가 다르지 않다.

과학기술에 지배당하지 않고, 좋은 삶을 위해 기술을 쓸 줄 아는 세상을 꿈꾸게 하는 것은 SF 소설의 임무 중 하나다. 기술의 발전은 우리에게 건강과 장수를 주었을지 모르나 사회적 억압에서 벗어나게 하지는 못했다. 기술은 오히려 인간을 억압하기도 한다. 사람이 타자에게 벗어나 혼자 있고 싶은 시간조차 얻어 내기 힘든 구조를 만들었다. 죽고 사는 것이 지금처럼 기술 자본과 긴밀히 연결된 적도 없었다.

리처드 피터스(Richard S. Peters)는 교육은 사람들을 무엇인가 가치 있는 활동에 참여시키는 것이라고 말한다(Peters, 1966). SF 소설 읽기에서 추구하는 가치는 인류 공동체의 좋은 삶에 있다. 예컨대 물 부족 지역의 아동에게 보급할 휴대용 정수 필터 개발이 노화 방지용 피부과 기기 개발보다는 가치 있는 연구일 것이다. 공공성에서 그렇다.

현대는 과학 없는 인문학을 말하기 어렵다. 그렇다면 기술 시대에 인간의 자리는 어디여야 하는가? 우리는 왜 기술을 개발하여야만 하는가? 개발한 기술력으로 좋은 삶을 나누는 일이 왜 어려운가? 분절되고 파편화된 사회에 소외된 약자는 누구인가? 그들을 위한 기술 연구는 왜 더딘가? SF 소설은 적어도 이러한 문제의식에 답할 준비가 되어 있는 장르다.

교육 콘텐츠, SF

과학기술에 대한 사람들의 기대와 우려는 동전의 양면처럼 늘 공존한다. 기술 낙관론자들은 과학기술로 벌어질 우려보다는, 과학기술 때문에 인류가 누리고 있거나 앞으로 누릴 수 있는 풍요로움과 안락함, 편리함, 그리고 과학기술이 가진 사회 불평등 완화 기능에 주목한다. 과학기술은 인류를 괴롭혀 왔던 각종 질병이나 전염병, 홍수, 가뭄 등에 저항할 힘의 원천이다. 게다가 인류 역사상 가장 처참했던 커다란 재앙들의 몇몇은 과학기술과 전혀 관련 없어 보이는 곳에서 일어났다. 원주민 대량 학살이나 이교도 화형, 홀로코스트 사례는 인간의 맹목적 신념이 원인이었다

(Stevenson, 2019).

기술 비관론, 또는 회의론자는 과학기술로 인해 대중이 누리는 편익보다 그 기술들이 소비되는 과정에서 발생시킬 사회적 문제, 또는 윤리적 문제 등에 초점을 맞춘다. 과학기술이 가져오는 편리성과 혜택을 부정한다기보다 그 편리성과 혜택을 누림으로써 감수해야 할지 모르는 위험성에 주목하고자 하는 것이다. 특히 4차산업혁명에서 개발된 과학기술들은 종전의 과학기술과 비교할 때 몇 가지 두드러진 특성을 보인다는 점에서 우려의 목소리가 크다.

사회 구성주의 관점에서 과학 결정론은 일반적으로 허구이며, 환상이다. 과학기술이 만든 개별 기술이나 제품이 상품화되었을 때 성공할지는 아무도 예측할 수 없는 것이며 그 결과에 따라 사회가 어떻게 바뀔지 예상하는 것도 쉽지 않은 일이다. 전치형과 홍성욱(2019)은 레이 커즈와일(Ray Kurzweil), 일론 머스크(Elon Musk)와 같이 과학기술의 미래를 예언하고 설파하는 사람에 관해 이야기한다. 과학기술 예언자들의 말은 검증의 불가능성 때문에 상당한 위력을 발휘하는데, 우리에게 필요한 일은 이러한 과학과 기술에 관한 예언이 현대에 어떤 영향을 주는지를 검토하는 것이라고 말한다.

전치형과 홍성욱의 이와 같은 논의는 SF 소설이 유용한 교육 콘텐츠라 할 수 있는 근거를 제공한다. 그들은 "기술-미래 예언들을 우리가 받아들이거나 거부할 대상이 아니라 열심히 읽고 해석하고 토론할 텍스트로 간주"하자고 말한다(전치형 · 홍성욱, 2019). 물론 SF 소설 텍스트를 두고 한 말은 아니다. 하지만 SF 소설에 나타나는 미래도 예언자들의 말처럼 검증될 수는 없으나 상상할 수 있다. 예언자들과의 차이점은 있다. SF 소설은 적어도 미래를 장밋빛 희망으로 그리지 않는다는 것이다. 그래서 어떤 의미에서는 더욱 진지하게 해석하고 토론할 가치가 있는 텍스트다. 텍스트의 가치는 텍스트 내 담론 간의 경쟁에서 나온다. 이러한 점에서 SF 소설은 과학기술에 관한 인식을 매개해 주는 유용한 교육 콘텐츠다.

장정희는 해외에서 이루어지는 교육 프로그램 사례를 들어 SF 장르가 가진 교육 잠재력을 말한다. 그에 따르면, 1953년 SF 과정을 처음 개설한 대학은 뉴욕 시티 칼리지(City College of New York)였다. 이후 점차 확산하기 시작해서 1976년 즈음에는 전체 미국에 거의 2000개 코스가 개설되었다. 영국에서는 고등교육 기관에서 20개 모듈 정도가 개설되었다고 보고된다. 이후 석사와 박사 코스에서도 SF 연구가 수행되었다(장정희, 2016).

SF 장르는 국내 대학의 교양 교육에서도 유용한 콘텐츠로 활용되고 있다. 인문과 과학을 넘나드는 융합 교육에 활용되기도 하고, 과학적 상상력을 활용하는 교육에 적용되기도 한다.

SF 소설이 교육 콘텐츠로 유용한 이유 가운데 한 가지는 급변하는 사회적 삶을 잘 포착할 수 있다는 점이다. 예컨대 AI를 다루는 수많은 정보에는 긍정적 관점도, 부정적 관점도 있을 수 있다. 현재로서는 검증할 수 없는 AI에 대한 미래 예측은 무조건 수용이나 무조건 거부가 아니라 비판적 검토가 필요한 하나의 텍스트다. SF 소설은 AI에 대한 비판적 검토가 필요하다면 그에 필요한 속성을 서사로 보여 줄 수 있다. '옳고 그름'이나 '장단점'을 비교하는 보고서가 아니라, 소설은 어쩌면 그럴 수도 있을 삶의 이야기를 구체적으로 보여 주기 때문에 AI가 지닌 여러 의미를 비판적으로 검토하게 할 수 있다.

SF 소설은 독자가 가진 익숙한 사고의 틀을 전복해 텍스트에 나타나는 '낯섦'의 의미들을 새롭게 보도록 하는 비판적 관점을 제공할 뿐이다. SF 소설의 능동적 독자는 '낯섦'의 의미를 자각하며 읽어 나갈 때 SF 소설의 임무를 이해할 수 있다.

세상을 낯설게 읽기

현재 우리의 교육 현실은 각 학문 영역을 둘러싼 지식의 칸막이에서 벗어나기 어려운 형태로 되어 있다. 김유신은 이를 두고 완결성을 추구하는 학문의 본성 때문이라고 말한다. 각 학문은 자체의 불완전성 때문에, 자신의 존재론적 완결성을 위해서 다른 학문을 도구로 이용한다는 것이다(김유신, 2015). 이 논의대로라면 김유신의 언급은 융합 교육의 가능성을 회의적으로 보게 한다. 실제로 교육 현장에서 학문의 영역, 예컨대 문학과 예술, 과학과 기술, 사회와 문화, 윤리와 도덕, 정치와 법은 각자의 고유 영역 안에서 지식을 전달한다. '융합'을 시도하지만 말 그대로 한데 녹아서 섞이는 실제적 융합은 현실적으로 쉽지 않다.

일반 문학에서 저자의 '낯설게 하기'는 독자에게 "기대를 갖게 하는 동시에 그 기대와 어긋나야 하고, 아마 어긋날 것이라고 느끼면서 어떻게 어긋날 것이지 늘 경계하는 긴장(Fry, 2012)"을 만드는 기능적인 장치다.

반면에 SF 소설은 기능적인 '낯설게 하기'의 의미를 수행함과 동시에 현실에 존재하기 어려운 '인지적으로 낯설게 하기'를 필수 불가결한 형식으로 내세우며 과학적 상상력이 조성한 '낯섦'으로 일반 문학과 차별화를 시도한다(Suvin, 2016).

'현실에 존재하나 학습자에게 낯선 것'과 '현재로서는 존재하기 불가능한 낯선 것'은 일반 문학과 SF 문학의 차이를 가르는 특징이기도 하다. 현실에 존재하는 '낯섦'이란 이미 누군가는 익숙하거나 익숙했던 것일 수 있음을 전제한다. 예컨대 제3 세계 아동의 열악한 교육 환경은 우리나라 어린이에게는 낯설지만 제3 세계 아동에게는 익숙하다. 인류의 '죽음'도 하나의 예가 될 수 있다. 인류의 '죽음'은 낯선 것이 아니나 사랑하는 사람의 '죽음'을 맞이할 때의 '죽음'은 매우 낯설다. 문학 일반의 미적, 인지적 체험 대부분은 이러한 낯섦을 그린다. 이수정은 교육은 학생에게 익숙한 것을 "낯설게(defamiliarizing)" 보도록 기회를 제공할 수 있다고 말한다(이수정, 2015).

그런데 SF 소설의 '낯섦'은 이와는 조금 다르다. SF 소설의 '낯섦'은 현실에 존재하지 않는 '낯섦'이다. 소설 속은 작가가 의도적으로 만들어 놓은 낯선 시공간이자 일상에서도 만날 수 없는 낯섦이 있는 곳이다. 독자가 소설에서 빠져나와 일상으로 복귀했을 때, 그동안 익숙하게 여겼던 무엇이 낯설게 여겨진다면 그때의 낯섦은 문학적 기능의 '낯설게 하기'의 의미가 수행된 것이다. 예컨대 예전에는 무심코 들었던 환경 문제가 일상에서 낯설게 느껴진다면 비판적 이해가 시작된 것이라 할 수 있기 때문이다.

폴 프라이(Paul H. Fry)는 텍스트와 독자가 '협업'의 관계라면 좋은 텍스트는 독자를 끊임없이 세우고 안락한 지대가 생기는 것을 막는다고 말한다(Fry, 2012). 좋은 텍스트에서 발견하는 '인지적 낯섦'도 그러하다. 과학적 상상이 조성한 '낯섦'이 궁극적으로 가리키는 것은 '과학기술'이 아니다. 과학기술 현상 뒤에 가려서 보이지 않는 '존재'의 의미다. 존재의 의미를 성찰하고 '좋은 삶'으로 재구성해야 하는 것, 이것이 SF 소설의 읽기 지도에서 해결해야 할 핵심 과제다.

이 책에는

이 책에는 청소년을 지도하는 교사나 리터러시를 공부하는 학부생에게 필요한 내용을 담았다. 청소년을 지도하는 교사들에게는 학생들의 동아리 활동 지도 또는 융합 교과 지도를 하는 데에 도움이 될 수 있을 것이다. 이 책을 읽는 학부생에게는 텍스트를 비판적으로 이해할 힘을 기대한다. 예시로 든 소설들을 찾아서 읽는다면, 이 책에 나오는 비판적 질문과 관련 설명은 학생의 리터러시 함양에 도움이 될 것 같다.

1장은 SF 소설의 개념과 특징, 장르의 역사적 변천에 관한 이야기다. SF 소설은 일반 문학과 다른 독법으로 읽어야 장르의 본질이 이해되기 때문에 첫 장에 장르에 대한 소개를 실었다. 2장에는 SF 소설을 읽어야 할 이유가 담겨 있다. 지속 가능성을 포함한 좋은 삶은 기술 사회의 영향력을 이해하고 사회적 약자에 대한 배려가 있어야 한다. 그리고 좋은 삶은 비판적 리터러시를 통한 문제 해결력이 있을 때 희망이 있는데 이러한 역량들을 SF 소설 읽기를 통해서 길러 보고자 하는 이야기다. 3장에는 SF 소설 읽기 방법을 실었다. 삶은 하나의 관점으로 그 사태를 파악할 수 없으므로 다양한 관점에서 읽어야 한다는 이야기다.

4장에서 7장까지는 각각 문학, 사회문화, 과학, 윤리의 관점으로 SF 소설 읽을 때 알아야 할 점이나 떠올려야 할 것, 질문의 예 들을 담았다. 4장에서는 문학적 관점으로 읽는 것에 관한 이야기다. 문학의 서사적 특징을 설명한 후에 인물, 사건, 배경을 중심으로 SF 소설 읽기를 설명했다. 5장은 과학적 관점으로 읽는 것을 설명했다. 일반 문학과 SF 소설에서 과학을 다루는 차이점, 과학적 상상력과 과학의 상호 침투성을 통한 과학적 소양이 무엇인지 설명했다. 이후 과학적 소양을 위한 SF 소설 읽기 방식을 다루었다. 6장 사회문화적 관점으로 읽기에서는 비판적 리터러시를 활용하여 소외된 자와 환경의 문제를 읽어 보도록 설명했다. 그리고 7장 윤리적 관점에서는 AI 윤리 읽기, 생명 윤리 읽기, 환경 윤리 읽기로 나누어 이야기한 후 다양한 관점으로 SF 소설 읽기 안내를 마무리했다.

8장에서는 융합적 사고에 대한 설명을 실었다. 일반적인 융합의 개념과 SF 소설 읽기에서의 융합이 같지 않음을 설명했다. 융합적 사고의 과정과 융합적 사고를 위한 질문법을 소개했다.

9장에는 SF 소설 읽기 지도 모형을 도표로 제시했다. 읽기 맥락과 읽기에 요구되는 사고력의 역학적 관계, 맥락에 따른 질문, 지도 목표와 내용을 도식으로 나타내어 읽기 지도 과정을 좀 더 이해하기 쉽게 했다. 지도 모형을 간략하게 설명하면 다음과 같다. SF 소설 읽기 지도 모형의 절차는 크게 장르 인식-'낯섦' 탐색-다관점 분석 단계-비판적 검토-성찰 단계로 교사는 이를 순차적으로 지도하도록 한다. 독자 맥락에서는 명시적 질문을 통해 학습자의 장르 인식을 돕는다. 텍스트 맥락에서는 의미를 구성할 만한 질문을 통해 '낯섦' 탐색과 다관점 분석, 비판적 검토 단계를 지도한다. 사회문화 맥락에서는 성찰적 질문을 통해 학습자의 성찰을 지도한다. 질문의 주체는 교사와 학습자 모두다. 최종 지도 목표는 학습자의 창조적 의미 구성과 윤리적 실천이며, 벤저민 블룸(Benjamin Samuel Bloom)의 교육 목표인 '창조' 단계다.

마지막 10장에는 SF 소설 읽기의 실제를 소개했다. 읽기 지도 절차에 알맞은 질문과 사례를 넣어 읽기 지도자가 구체적 장면을 상상해 볼 수 있도록 안내했다.

참고문헌

김유신(2015). 융합 연구와 교육에서 '융합'의 의미. 《한국교양교육학회 학술대회 자료집》, 381~396.

손화철(2020). 『호모 파베르의 미래』. 아카넷.

이수정(2015). '낯설게 하기((Defamiliarization)'에 대한 이해와 교육적 의미 고찰. 《교육철학연구》 36권 2호, 145~168.

장정희(2016). 『SF 장르의 이해』. 동인.

전치형·홍성욱(2019). 『미래는 오지 않는다』. 문학과지성사.

Fry, P. H.(2012). *Theory of literature.* Yale University Press. 정영목 옮김(2019). 『문학 이론』. 문학동네.

Latour, B.(2012). *Hybrid thoughts in a hybrid world.* Taylor & Francis Group. 황장진 옮김(2017). 『처음 읽는 브뤼노 라투르』. 사월의책.

Peters, R. S.(1966). *Education and ethics.* Allen & Unwin. 이홍우·조영태 옮김(2003). 『윤리학과 교육』. 교육과학사.

Stevenson, L. F.(2019). *The many faces of science : an introduction to scientists.* values, and society. 이상원 옮김(2021). 『과학의 여러 얼굴』. 한울.

Suvin, D.(2016). *Metamorphoses of science fiction.* Peter Lang.

차례

편집자 일러두기

- 인명, 작품명, 저서명, 개념어 등은 한글과 함께 괄호 안에 해당 국가의 원어를 병기했습니다.
- 외래어 표기는 현행 어문규정의 외래어표기법을 따랐습니다.

01

SF 소설의 장르적 성격

본래의 SF 소설은 문학 텍스트와 과학적 상상력이 융합하며 탄생한 문학이다. SF 소설이 풀어내는 과학적 상상은 인류의 오랜 욕망을 녹여 낸 산물이며, '사고실험'이라는 독특한 읽기 방식이 전제되어 있다.

SF 서사는 존재하지 않는 낯선 세계를 통해 현실의 문제, 예컨대 인간성, 지구 환경, 인간과 비인간의 공존, 인종 차별, 사회적 약자 등에 관한 다양한 메시지를 하나의 은유로 담는다.

SF 소설의 개념과 특징

SF 소설은 'Science Fiction'의 약칭으로, 우리말로 '과학소설'이라고 한다. '공상과학소설'이라고도 했는데 이는 구한말 SF 소설이 일본에서 유입될 때 생긴 오역(誤譯)이다(이지용, 2017). SF는 1926년 휴고 건스백(Hugo Gernsback)이 SF 펄프 잡지를 설명하기 위해 과학소설(Science Fiction)이라는 말을 사용하면서 시작되었다(Scholes & Rabkin, 1977/1993).

SF 소설을 무엇이라고 정의하기는 쉽지 않다. 데이비드 시드(David Seed)는 SF 소설에는 한마디로 정의하기 어려운 속성이 있다고 했다. 시드는 그 예로 세 사람의 정의를 든다. 휴고 건스백의 "과학적 사실과 예언적 비전이 뒤섞인 멋진 로맨스", 로버트 하인라인(Robert Heinlein)의 "미래 일어날 일들에 관한 현실적인 추측", 다르코 수빈(Darko Suvin)의 "현실 세계에 대한 가상의 대안을 제시한 장르"가 그것이다(Seed, 2011). 이 외에 셰를 빈트(Sherryl Vint)가 SF를 "기술적으로 포화한 사회의 문학"이라고 한 정의(Vint, 2014/2019)에서 알 수 있듯이 SF 소설의 정의는 시대 또는 관점에 따라 다르게 말해질 수 있다.

수빈은 "인지적으로 낯설게 하기(cognitive estrangement)"라는 개념으로 SF 소설을 설명하는데 그에 따르면,

'낯설게' 보이게 하는 SF 장치는 '인지(cognition)'적 요소를 갖춘다. 수빈의 관점에서 SF 소설은 이 인지적 요소 때문에 신화, 민담, 판타지(fantasy)와 다른 장르가 되는 것이다. 예컨대, 사람들의 믿음과 상상만으로 이야기 속 양탄자는 날아다닐 수 있다. 수빈의 관점에서는 날아다니는 양탄자는 SF의 장치가 될 수 없다. 낯선 것이지만 '중력'이라는 '인지'적 요소를 무시했기 때문이다(Suvin, 2016).

이에 반해 칼 프리드먼(Carl Freedman)은 과학(science)을 인지로 엄격히 규정 짓는 수빈의 정의에 대해서 회의적이다(Freedman, 2000). 프리드먼의 관점에서 본다면 예컨대, 과거에는 비행기가 하늘을 날고, 인간과 AI가 대화하는 현재가 환상이었듯이 미래의 과학적 개연성을 현재의 잣대로 확정하기 어렵다.

이런 논쟁에도 SF 소설이 과학적 개연성을 특징으로 한다는 점은 변함이 없다. 여기에서 김서정의 언급은 SF 소설과 판타지를 분명하게 구별한다. 판타지는 "현실의 법칙을 깨뜨리는 이야기"며, 그 요소는 "과학으로 증명할 수 없고, 논리로 설명할 수도 없어야"(김서정, 2002) 한다.

지금까지의 논의를 정리하자면, SF 소설은 '문학 텍스트와 과학적 상상력을 융합한 문학 장르'라고 할 수 있다. 이때의 '과학적'이란 과학만이 아니라 사회과학 요소도 포함되는 개념이다. 즉, 과학적이란 의미는 반드시 자연과학적이어야 한다기보다 사회과학적 논리도 포함되어야 한다는 것이다. SF 장르가 기술 사회의 미래 예측을 목적으로 하는 서사가 아니라 인간과 인간 사회를 조망하는 장르라는 점에서 사회과학적 개연성은 필수 요소다.

SF 소설은 사고실험(thought experiment)으로 가득한 문학 장르다. 사고실험은 사람의 머릿속에서 일어나는 가상 실험을 의미하는데 실제로 실험할 수 없는 상황이나 확인하기 어려운 아이디어를 검증하는 데 유용하다. 예컨대 칼 세이건(Carl Sagan)은『코스모스』(1980)에서 우주를 이해하고 인류의 위치를 이해하는 데 적극적으로 사고실험을 활용한다. 마찬가지 맥락에서 그가 쓴 SF 소설『콘택트』(1985)도 사고실험을 활용한 이야기다.

SF 소설에서 실험의 원동력은 서사에 있다. SF 서사는 현실과 다른 삶의 조건을 특징으로 한다. 그래서 독자는 기존 소설을 읽을 때와는 다른 독법을 써야 한다. 현실에서 찾아볼 수 없는 낯선 사회문화와 그 속에서 살아가는 인물을 이해하는 데 힘을 써야 한다. 이런 세상이 가능한가? 미래에 이런 사회가 존재할 가능성이 있는가? 가능하다면 무엇이 그것을 가능하게 하는 것일까? 존재 가능성이 없는 사회라면 우리는 그 사회에서 무엇을 배울 수 있는가? 왜

이 인물들은 행복해 보이지 않는가? 인물들의 행복을 위해 필요한 것은? 이 사회는 변화될 수 있는가? 있다면? 이런 일들이 벌어지지 않으려면 무엇을 해야 할 것인가? 여러 질문이 가능할 것이다. 이러한 질문과 대답들은 마치 실험실의 실험자가 '실험 보고서'의 어느 한 페이지를 작성하는 과정과 흡사하다.

사고실험은 낯선 시공간에서 빠져나와 독자의 현실로 복귀한 후, 맞닥트리는 현실의 조건들과 조우(遭遇)할 때 더욱 유의미하다. 사고실험을 통해서 경험한 것들은 현실 속 삶의 조건들을 다른 시각으로 볼 수 있게 한다. 독자는 이러한 읽기 경험을 통해 자신도 모르게 단단히 쌓아 두었던 사고의 틀을 전복해 보는 기회를 얻는다.

SF 소설 장르의 변천

SF 소설의 역사적 뿌리는 옛이야기에서 찾을 수 있다(Suvin, 2016). 그리스 신화에 나타나는 탈로스와 갈라테이아 이야기(김연순, 2009), 중국의 고대 설화 "목왕과 언사"에 나오는 인형 이야기(列禦寇, 2009)가 SF 소설 속에 등장하는 AI, 로봇, 혹은 새로운 인간종(種)과 다르지 않다는 점에서 그러하다. 하지만 이 상상들이 그저 환상이 아니라 실제로 가능한 일일 수도 있겠다는 생각을 하기란 쉽지 않았다. 적어도 19세기 이전까지는 그러했다.

서양의 자연철학은 17~18세기에 걸쳐 체계적인 연구가 시작되었고, 19세기 들어오면서 물리학, 화학, 생물학 등의 연구 성과와 그에 따른 담론의 변화는 점차 사람들의 인식을 바꾸기 시작했다. 예컨대 1818년 출간된 메리 셸리(Mary Shelley)의 『프랑켄슈타인』은 당시 과학 담론을 과학적 상상력으로 녹여낸 작품이다(추재욱, 2014).

스콜즈가 분석한 내용에 따르면, 19세기 초반 이후의 작품들은 공간과 시간, 그리고 사회적 관심과 참여 등을 로맨스, 사회비판, 우주 모험 등으로 탐색했다. 쥘 베른의 『해저 2만 리』, 에드워드 벨라미의 『회상』, H. G. 웰스의 『타임머신』 등의 작품 등이 그러한 예다(Scholes & Rabkin, 1977/1993).

그러나 SF 장르가 주류 문학에 편입될 수 있었던 것은 이후 오랜 시간이 지나고 나서였다. SF 소설은 그동안 줄곧 하류 문학으로 취급되었다. 김성곤에 따르면 서양에서 SF 소설 장르가 하류 문학에서 벗어난 시기는 1960년대 초기부터였으며 본격적으로 활기를 띠기 시작한 것은 1980년대부터다(김성곤, 1991). 현재는 미국이나 영국 등의 교육기관에서 SF 소설 교육 모듈이 개설되기도 하고, SF 소설에 관한 연구 코스(장정희, 2016)가 있을 정도로 SF 소설 장르에 관한 위상은 달라졌다.

국내에서는 2000년대 이후를 SF 소설의 부흥기로 본다. 이지용에 따르면 SF 소설의 국내 유입이 구한말 일본 유학생들이 『태극 학보』에 쥘 베른의 『해저 2만 리』 등을 번안하여 연재하기 시작하면서다. 그러나 일제 강점기와 전쟁, 그리고 독재정권을 거치며 SF 소설은 SF 소설만의 특성이 제거된 채 근대화 작업의 도구로 사용되었다(이지용, 2017).

한국 SF 소설사의 본격적 출발은 1965년 문윤성의 작품 『완전사회』로 시작되었다. 소설 구성 면에서 미흡한 면이 있으나 기술이 발달한 미래 사회를 탁월하게 묘사했다(복도훈, 2019). 이후 1990년대 이전까지 주목할 만한 작품으로는 김승옥의 「50년 후, 디 파이 나인 기자의 어느 날」과 복거일의 『비명을 찾아서』를 꼽을 수 있을 것이다. 「50년 후, 디 파이 나인 기자의 어느 날」은 미래 기술 사회를 상상한 작가의 통찰력을, 『비명을 찾아서』는 대체 역사를 통해 민족의 정체성을 그렸다는 점에서 그러하다.

1990년대 SF와 과학기술에 관한 인식의 변화를 가져온 것은 PC 통신과 영상 매체의 발달이었다. PC 통신에서 연재되는 소설이 SF 소설을 이끌었기 때문이다. 이 시기의 대표적 작가로 '듀나'를 꼽을 수 있다. 2000년대 이후 국내

SF 소설은 양과 질 모두 성장하는 시기에 접어든다. 특히 팬데믹은 'SF 소설 같은 현실'을 경험하게 했다. SF 소설이 그저 흥밋거리로 소비되는 장르가 아님을 각인시키는 계기도 되었다. 이제 국내 SF 소설 장르는 주류 문학에 편승했다고 해도 과언은 아닐 것이다.

국내 SF 소설은 과학기술만이 아니라 장애, 차별, 공존, 사랑 같은 사회과학적 문제를 은유적으로 표현하며 그 외연을 보다 확장하는 추세다. 김성곤이 언급했던 SF 소설 장르가 '새로운 리얼리즘 소설의 대안'이라는 주장이 설득력을 더하고 있다(김성곤, 1991). 리얼리즘과 다른 방식, 즉 낯선 서사를 통해 현실의 문제를 추론하게 만드는 이 장르의 힘은 현재도 진화 중이다.

참고문헌

김서정(2002). 『멋진 판타지』. 굴렁쇠.
김성곤(1991). SF: 새로운 리얼리즘과 상상력의 문학. 김성곤 편, 『외국문학』(11~29쪽). 외국문학사.
김승옥 외(2020). 『SF 김승옥』. 아르띠잔.
김연순(2009). 『기계인간에서 사이버휴먼으로』. 성균관대학교 출판부.
복거일(1987). 『비명을 찾아서』. 문학과지성사.
복도훈(2019). 『SF는 공상하지 않는다』. 은행나무.

이지용(2017). 한반도 SF의 유입과 장르 발전 양상-구한말부터 1990년대까지의 남북한 SF에 대한 소사(小史). 《동아인문학》, 40권, 157~189.

장정희(2016). 『SF 장르의 이해』. 동인.

추재욱(2014). 19세기 과학소설에 재현된 의과학 발전양상 연구. 《의사학》, 26권 3호, 543~572.

列禦寇(n.d.). 『列子』. 四庫全書. 文淵閣. 임동석 옮김(2009). 『열자』. 동서문화사.

Freedman. C. H.(2000). *Critical theory and science fiction,* Hanover : Wesleyan University Press.

Scholes, R. & Rabkin, E. S.(1977). *Science fiction: History-Science-Vision.* Oxford University Press. 김정수·박오복 옮김(1993). 『SF의 이해』. 평민사.

Seed, D.(2011). *Science fiction: A very short Introduction.* Oxford University Press.

Shelley, M.(1818). *Frankenstein.* Lackington, Hughes, Harding, Mavor, & Jones. 오숙은 옮김(2011). 『프랑켄슈타인』. 열린책들.

Sagan, C.(1980). *Cosmos.* Ballantine Books. 홍승수 옮김(2006). 『코스모스』. 사이언스북스.

Sagan, C.(1985). *Contact.* Ballantine Books. 이상원 옮김(2001). 『콘택트』. 사이언스북스.

Suvin, D.(2016). *Metamorphoses of science fiction.* Peter Lang.

Vint, S.(2014). *Science fiction: A guide for the perplexed.* Bloomsbury Publishing Plc. 전행선 옮김(2019). 『에스에스에스프리 SF를 읽을 때 우리가 생각할 것들』. 아르테.

02

SF 소설을 읽어야 할 시대적 이유

'좋은 삶'이란 '개인을 넘어선 삶'으로 현재와 미래 사회 공동체를 연결하는 지속가능성을 포괄하는 개념이다. SF 소설도 '좋은 삶'을 고민하는 서사로 채워진 장르다. SF 소설 읽기는 독자에게 소설 속 일들이 독자의 현재에서도 시작될 수 있다는 것을 알린다. 그래서 지금을 성찰하는 일이 SF 서사가 주는 은유적 메시지에 응답하는 일이 될 수 있다. SF 소설을 단순한 공상과학 소설로 오해했던 시대는 지나갔다. '지금 여기'에 서 있는 인간의 삶과 미래 세계의 좌표를 고민하는 때다. 우리가 SF 소설을 읽어야 할 시대적 이유이다.

좋은 삶을 위한 지속가능성

지속 가능성은 "미래 세대가 그들 스스로 필요를 충족시킬 수 있도록 하는 능력을 저해하지 않으면서 현재 세대의 필요를 충족시키는 발전"을 뜻한다. 현재 가장 넓게 수용되고 있는 지속 가능성 개념이다(김화임, 2015).

지속 가능성 개념으로 '좋은 삶'을 생각해 보면, '좋은 삶'은 개인을 넘어선 삶으로, 현재와 미래, 그리고 사회 공동체를 연결하고 포괄하는 삶을 의미한다. 따라서 '좋은 삶'을 유지할 수 있는 '지속 가능성'은 환경뿐만 아니라 경제적, 사회적 자원과도 연결되는 개념이다.

역사적으로 '좋은 삶'에 대한 논의들은 명시적이지 않더라도 삶의 본질적 물음과 연결되어 있다. 예컨대 아리스토텔레스의 좋은 삶은 '행복'을 위한 덕의 실천일 것이고, 칸트의 좋은 삶은 아마도 '정언명령'을 따르는 것과 관련되었을 것이다.

이에 비해 현대는 과거와 다른 의미에서의 공동체의 가치 또는 그것을 위한 연대와 협력을 상조하는 경향이 있다. 예컨대 존 롤스(John Rawls)는 정의로운 사회, 마이클 샌델(Michael Sandel)은 공동체주의적 가치, 피터 싱어(Peter Singer)는 이타주의적 삶을 강조한다. 이들이 지향하는 삶은 단일한 기준을 가지고 말할 수 있는 개인이나 공동체의 삶이 아니라 다양한 가치와 균형을 통해 함께 이루어 내야 할 삶이다. SF 소설이 지향하는 삶도 개인의 삶을 넘어선 공동체의 '좋은 삶'이다. 과학기술과 관련된 사회적 삶에 관한 이야기는 과거-현재-미래의 시공간의 영향력에서 벗어날 수 없다.

SF 소설을 읽어야 할 이유

SF 소설을 단순한 공상과학 소설로 오해하던 시대는 지나갔다. 이 장에서는 SF 소설이 '지금-여기'에 서 있는 인간의 삶과 미래 세계의 좌표를 고민할 수 있는 장르가 되었음을 이야기하고자 한다. 이에 대한 근거는 네 가지 정도로 나눠 볼 수 있다.

첫째, SF 소설 읽기는 급변하는 과학기술 사회의 발전과 그 영향력에 관한 논의의 장(場)을 여는 계기를 마련할 수 있다. SF 서사는 기술 사회의 여러 담론을 포획한 문학 장르이기 때문이다.

과학기술은 인간의 수명 연장, 건강 기능 향상, 삶의 질 개선과 관련이 깊다. 예컨대 인공지능, 유전자 편집, 생명 복제, 합성생물학 기술도 이러한 면에서 긍정적 영향을 미쳤다고 할 수 있다. 그러나 이 과학기술들이 가진 특성, 예컨대 연구 성과와 기술 개발, 자본가의 투자 등의 영향 관계를 생각해 보면 우려되는 점들도 생겨난다. "과학기술은 중립적이지 않으며 때로는 지극히 정치적일 수 있다(김정태 · 홍성욱, 2020)." 기술의 긍정적 측면도 인정하면서 과학기술이 태생적으로 지닐 수밖에 없는 구조적 측면도 간과할 수 없는 것이다.

기술철학자 손화철은 '행위와 윤리적 판단'은 대체로 예측 가능함을 전제로 하지만, 과학기술은 우리의 시공간적인 행위의 범위를 크게 확장하여 놓았기 때문에 '의도하지 않은 결과'에서 파생된 문제가 있다는 점을 지적한다(손화철, 2014). 예컨대 열대우림 훼손은 가능한 기술을 사용하는 데 목적이 있었기 때문에 '지구 온난화'라는 의도하지 않은 결과를 초래했다. 만약 '좋은 삶'을 위한 기술 사용이 목적이었다면 지구 온난화는 현재처럼 진행되지 않을 것이다.

SF 소설은 이러한 형태, 즉 '의도하지 않은 결과'를 중심으로 서사를 펼치는 경우가 적지 않다. SF 소설 읽기는 기술의 발전으로 발생하는 '의도하지 않은 결과'들, 혹은 예상했던 갈등, 그에 따른 윤리적 문제가 종국에는 인간 실존의 문제로 귀결될 수 있음을 깨닫도록 돕는다.

둘째, SF 소설 읽기는 사회적 약자를 이해하고 사회적 다양성에 대한 포용과 이해를 증진하는 데 도움이 된다. '좋은 삶'을 위한 공동체주의적 시각을 획득할 수 있다는 의미이기도 하다. 지그문트 바우만(Zygmunt Bauman)에 의하면 현대 사회의 삶은 파편화되고 분절되어 있다. 바우만은 사회구조가 고정적이지 않고 유동적이기 때문에 현대인이 고립감과 불안감에 시달린다고 보았다(Bauman, 2000/2010). 전통적 공동체의 붕괴와 불안정한 삶, 경제적 불평등에 따른 정체성 혼란 등은 경쟁적 사회구조와 연결되어 타자에 대한 혐오로 이어질 수 있다. 그리고 사회적 약자에 대한 혐오, 그와 관련한 사회적 갈등은 다양한 사회적 문제를 일으킨다.

SF 소설 작가들의 시선은 대체로 사회적 약자에 특별하다. 여성, 노인, 장애인, 경제적 약자, 비인간, (특정 상황에 있는) 취약계층 등이 등장하는 SF 소설은 그동안 무의식적으로 지니고 있었던 '차별' 감정을 되짚어 생각하게 한다. 사회적 약자를 다룬 SF 소설은 사회구조, 권력관계, 차별 감정의 원인 등이 어떻게 연결되었는지를 짚는다. 그래서 소설을 다 읽은 독자가 이야기에서 빠져나온 후, 소설 속 이야기와 비슷한 현실의 문제를 만날 때 스스로 깊은 물음을 던지도록 할 수 있다.

예컨대 김초엽의 『원통 안의 소녀』에 등장하는 사회는 쾌적한 대기 상태가 유지되는 곳이다. 나노 단위의 로봇

기술이 대기오염을 제거해 주기 때문에 사회 구성원 대부분은 쾌적한 삶을 살 수 있다. 그러나 극소수에게는 부작용을 일으키는 기술이기도 했다. 작가는 분명한 메시지와 질문을 서사에 담는다. 사회적 약자는 누구인가? 무엇이 그들을 사회적 약자로 내몰았는가? 사회적 약자에 대한 배려는 어떻게 변화될 수 있는가? '지금-여기'의 문제가 '미래-거기'의 문제가 되지 않으려면 무엇을 해야 하는가?

셋째, SF 소설을 읽어야 할 시대적 이유는 SF 소설을 읽는 행위가 독자의 비판적 의식이 촉발되는 독서 행위로 이어질 가능성이 크다는 데 있다. SF 소설이 다루는 주제 대부분이 비판적 리터러시와 관련이 깊기 때문이다. 지나 세버티(Gina Cervetti)는 비판적 읽기(Critical Reading)와 비판적 리터러시(Critical Literacy)는 서로 다른 철학적 배경과 교육 목표를 지녔다고 말한다. 인식론에서 보자면, 비판적 읽기는 지식을 세계 안에서 감각 경험을 통하거나 합리적 사고로 얻을 수 있다고 생각한다. 반면에 비판적 리터러시는 지식으로 말할 수 있는 것은 자연스럽거나 중립적이지 않고 특정 공동체의 담론적 역할에 기초한다고 보았다. 따라서 자연스레 비판적 리터러시의 학습 목표는 학습자의 비판적 의식의 발달에 있는 것이다(Cervetti et al., 2001).

김정숙과 하병학은 SF 소설은 비판적 리터러시 함양을 위한 교육 콘텐츠로 유용하며, 특히나 AI 시대에 더욱 그러하다고 말한다(김정숙 · 하병학, 2021). SF 소설에 나타나는 기술 사회의 삶은 우리가 굳건히 믿었던 과학적 지식이 자연스럽거나 중립적이지 않다는 비판적 의식을 일깨우는 매개체가 될 수 있기 때문이다.

다음 질문이 SF 소설을 관통하는 주제라고 생각해 보자. "AI 로봇 개발이 인간 사회의 불평등과 어떻게 연결되는가?" 능동적 독자는 소설을 읽는 내내 질문에 대한 의미를 찾으려고 애쓰게 될 것이다. 이런 의미에서 SF 소설 읽기는 사회 공동체의 '좋은 삶'을 위한 비판적 이해에 동참할 가능성을 내포한다고 할 수 있다. 비판적 이해는 비판적 의식이 선행되어야 가능하다.

넷째, SF 소설을 읽어야 할 시대적 이유는 SF 소설에 나타나는 갈등이나 사회적 문제를 해결해 보는 경험을 할 수 있다는 데 있다. SF 소설에 나타나는 사회적 삶은 고도의 구조적 얽힘으로 인해 갈등이나 문제가 발생하여도 쉽게 해결되기 어려운 속성을 보인다. 게다가 대부분의 SF 서사는 해피엔딩으로 향하지 않는다. 능동적인 독자들은 대체로 이런 경우 머릿속에서 그 해결책을 찾으려 할 것이다. 만약에 이 일이 현실이라면, 만약에 이렇게 바뀔 수 있다면, 만약에 좋은 삶을 위해서라면…. 이러한 사고실험의 경험은 현실 세계에서도 유용하다.

SF 소설 읽기가 필요한 시대적 이유를 정리하면 다음과 같다. 첫째, SF 소설은 과학기술이 삶에 미치는 영향력에 관심이 생기도록 한다. 둘째, SF 소설은 사회적 약자에 관해 생각하도록 한다. 셋째, SF 소설은 비판적 리터러시 함양에 도움이 된다. 넷째, SF 소설은 사회적 갈등에 대한 해결책을 경험하도록 한다. 즉, SF 소설 읽기로 현대 사회의 특성을 비판적으로 이해할 수 있고, 약자에 대해 시혜심이 아닌 공감과 배려심을 가질 수 있으며, 사회적 갈등을 풀어내고 연대하는 융합적 사고력을 기를 수 있다. SF 소설을 읽어야 할 이유다.

참고문헌

김정숙·하병학(2021). 과학소설에 나타난 인조인간의 의미와 그 교육적 유용성. 《사고와 표현》, 14집 1호, 131~165.

김정태·홍성욱(2011). 『적정기술이란 무엇인가』. 살림.

김초엽(2019). 『원통 안의 소녀』. 창비.

김화임(2015). 지속가능성(Nachhaltigkeit) 개념의 형성사. ≪인문논총≫, 72권 1호, 453~478.

손화철(2014). 과학기술이 윤리를 만날 때. 송성수 · 김명진(편) 『과학기술학의 세계』(303~333쪽). 휴먼사이언스.

Bauman, Z.(2000). *Liquid modernity.* Polity Press. 이일수 옮김(2009). 『액체근대』. 강.

Cervetti, G. N., Pardales, M. J., & Damico, J. S.(2001). *A tale of differences: Comparing the traditions, perspectives, and educational goals of critical reading and critical literacy.* An electronic journal of International Reading Association. Reading Online, Volume 4 Issue 9.

Vint, S.(2014). *Science fiction: A guide for the perplexed.* Bloomsbury Publishing Plc. 전행선 옮김(2019). 『에스에스에스프리 SF를 읽을 때 우리가 생각할 것들』. 아르테.

03

SF 소설의 읽기 방법

이 책에서 논하는 SF 소설의 읽기 방법은 다양한 관점에서의 융합적 읽기다. SF 서사는 여러 학문의 영역을 넘나들 수 있는 사회상을 보여 주므로 학문 간 지식을 융합적으로 읽을 수 있다. 예컨대 과학적 관점에서 SF 소설을 읽으면 문학 독서의 영역에서 읽어 왔던 관점과 다른 논의들이 가능하다.
사회문화적 관점, 윤리적 관점에서의 읽기 역시 그러하다. 이러한 관점들의 융합이 종국에는 독자의 창조적 의미를 구성하게 된다.

인문학과 과학의 접점에서 낯선 세계를 읽다

SF 소설이 일반 소설과 다른 점 가운데 가장 특징적인 것이 있다면 그것은 일반 문학에서 다루기 쉽지 않은 주제나 소재가 나타난다는 점일 것이다. SF 소설은 우주, AI, 양자 역학, 외계인 등등의 넓은 지평에서 인간 중심주의를 넘어 인간과 인간 사회의 다양한 이슈들을 포획하여 서사에 담아낸다.

주지하듯 찰스 스노(Charles Snow)는 『두 문화』를 통해 과학과 인문학의 분화가 자연스러운 것이기보다는 19세기 문화적 구성에서 비롯된 것이라 말한다. 그에 따르면, 문화는 과학의 분석적인 것과 인문학의 직감적인 것, 과학의 체계적인 것과 인문학의 그렇지 않은 것으로 나누어졌다(Snow, 1959/2009).

만약 스노의 주장을 SF 소설의 등장과 관련지어 본다면 SF 소설의 효시라 불리는 『프랑켄슈타인』이 19세기 초반에 나타난 것은 우연이 아닌 셈이다. SF 소설은 과학과 인문학이 경계를 긋던 시기에 두 문화가 이원화하지 않은 세상을 그린 것이다. 애덤 로버츠(Roberts, 2016)는 19세기 당시의 SF 소설에 관해 "과학과 인문학이 이원화되는 두 문화에 대한 저항", 두 문화의 "접점"이라고 말한다. 아담의 이와 같은 논의는 대학의 교양교육과 관련하여 생각해 볼 수도 있다. SF 소설이 대학의 교양 교육 콘텐츠로 활용되는 것은 SF 소설이 인문과 과학을 포괄하는 접점, 즉 융합 가능한 접점을 공유한다는 인식이 있기 때문이다.

책을 읽고자 하는 독자는 독자에 따라 다양한 읽기의 목적을 갖는다. SF 소설 독자도 그렇다. 즐거움, 과학적 호기심, 사회적 이슈 같은 여러 이유로 SF 소설을 읽을 수 있다. 주목할 점은 SF 소설의 독법이 따로 있다는 데 있다. 기존 문학과 달리, 과학적 상상력이 이끄는 소설 속 세계는 익숙한 세계의 이야기와 다르게 읽어야 한다. 그래야 SF 소설의 본질적 의미를 이해할 수 있다. SF 소설 가운데는 등장인물, 사건, 시간과 공간적 배경 등 어느 것 하나 현실과 비슷한 면이 존재하지 않는 소설이 있다. 이런 경우 독자들은 대체로 읽기 어렵다는 반응을 보인다. 이러한 스타일의 SF 소설에서 대체로 세계의 사회상을 먼저 파악하지 않고 그 세계를 살아가는 인물의 삶을 이해하는 건 불가능에 가까운 일이다.

물론 SF 소설 가운데는 현실과 유사한 근미래 사회를 배경으로 하는 소설도 많다. 이러한 스타일의 소설은 전자의 경우보다 친밀감을 줄 수 있다. 그렇더라도 소설 속 사회는 현실과 다른 그 무엇이 서사를 이끌어 간다. 그렇지 않다면 SF 소설이라 불릴 이유가 없는 것이다. SF 소설 장르가 과학적 상상력으로 빚어낸 문학임을 상기해 보자. 현실과 유사한 세계처럼 보여도 현실과 다른 낯선 '무엇'이 독자를 기다리고 있다는 점에서 SF 소설의 특성은 전자의 경우와 달라지는 것이 없다. 따라서 SF 소설 읽기의 첫걸음은 소설 속 사회가 어떠한 사회인지 파악하려는 읽기 태도를 지니는 것이다.

19세기 인문과 과학의 접점에서 탄생한 SF 소설은 21세기 현재도 독자에게 낯선 세계를 선사하며 철학적 사유를 요구한다. 이러한 읽기 과정은 독자에게 읽기의 즐거움을 주기도 하고, 과학적 호기심이 생기게 할 수도 있고, 사회적 현상에 집중하게 한 다음, 윤리적 고민에 빠지게도 할 수 있다.

여러 가지 관점으로 SF 소설을 읽다

인간의 삶을 여러 관점으로 이해하려고 하는 시도는 19세기 후반부터 이어졌다. 마르크시즘이나 정신분석학, 후기구조주의, 페미니즘, 포스트모더니즘 등의 학문과 사상은 다양한 관점으로 문학을 분석하는 데 영향을 끼쳤다.

그런데 이 책에서는 이러한 문학 비평의 어느 한 관점에서 텍스트를 읽지 않을 것이다. 복잡한 기술 사회의 삶의 문제를 해결할 수 있는 새로운 읽기 방식이 필요하기 때문이다. 이런 이유로 이 장에서는 인간의 삶으로부터 축출하여 인간의 경험과 지식으로 칸막이해 두었던 학문의 영역을 몇 개의 관점으로 나누고 그것을 통하여 SF 소설을 읽어 보고자 한다. 문학적 관점, 사회문화적 관점, 과학적 관점, 윤리적 관점으로의 읽기 방식은 소설 속 삶의 문제를 이해하는 데 도움을 줄 것이다.

우선 문학적 관점에서 SF 소설을 어떻게 이해하며 읽으면 좋을지 생각해 보기로 하자. 우선, 텍스트 이해를 위해 축자적 의미에서부터 문장 단위, 단락, 전체 서사 구조의 개연성 등을 이해하는 태도, 저자의 의도를 파악하려는 태도 등을 포함한 일련의 읽기 방식은 SF 소설 읽기에서도 중요하다. SF 소설만의 문학적 읽기 방식에서 달라지는 점은 과학적 상상력이 만든 여러 형태의 알레고리나 메타포의 의미를 이해하는 것이다. 예컨대 특정 인물과 가상 사회를 통해 독재와 감시 사회를 알레고리로 보여 주는 텍스트 전략은 현실을 직접 묘사하는 것보다 풍부한 의미를 전달할 수 있어서 서사 전략으로 쓰일 수 있다. 조지 오웰(George Orwell)의 『1984』가 대표적 예다.

SF 소설은 시간과 공간을 확장하여 인간의 경험을 뛰어넘게 하고, 때로는 비인간 존재를 통해 인간의 본질을 생각해 보도록 하는 문학이다. 더 나아가 새로운 대안 세계의 모델을 제시하여 현실의 사회, 정치, 기술, 윤리 등의 문제를 알레고리나 메타포로 이해하도록 하는 문학이다. 따라서 SF 소설을 문학적으로 이해하는 일은 기본적인 텍스트 읽기 전략을 수행함과 동시에 과학적 상상력이 만든 새로운 서사 장치도 이해하며 읽는 것이다.

둘째, 사회문화 관점을 통해 SF 소설 속 사회상을 읽을 수 있다. 일반적으로 독자는 소설을 읽을 때 인물의 내면에 귀를 기울이고, 그 내밀한 삶을 따라가는 읽기에 동참하는 편이다. 그런데 SF 소설은 조금 다른 읽기 방식이 필요하다. SF 소설은 인간의 내면보다는 사회적 삶의 변화에 초점을 맞추고 서사를 전개해 나가기 때문이다. 개인의 삶에만 몰입하다가는 사회상을 이해하지 못할 수 있다. SF 소설을 사회문화 관점에서 읽는 일은 기술 사회의 삶에서 비롯한 인간과 인간 사회의 맥락적 관계, 그리고 거기에서 오는 연쇄반응을 구체적으로 이해하는 일이다. 이를 통해 독자는 기술 사회의 삶을 보다 명료하게 직시할 수 있다. SF 소설은 인간 개인의 삶에 국한하지 않고 인간을 포함하는 다른 타자—자연, 비인간, 포스트 휴먼 등—와의 관계에도 독자의 시야를 넓혀 나갈 수 있도록 돕는다.

셋째 SF 소설의 읽기 방식은 과학적 관점으로 읽는 것이다. 물리학자 프리먼 다이슨(Freeman Dyson)은 기술에 대해 많이 아는 전문가가 아니라면 기술을 이해하는 데는 과학보다는 SF 소설이 더 좋다고 말한다. "과학은 어떤 기술이 나타날 것인가를 보여 주고, SF 소설은 기술이 인간에게 미치는 영향을 보여 준다(Dyson,1997)." SF 소설을 과학적 관점으로 읽어야 할 이유가 짧지만 간결하게 설명되어 있다.

이제 다음 문장을 읽어 보자. "과학기술이 만들어지는 과정을 해체하여 보여 줌으로써 기존의 과학기술을 성찰할 기회를 제공한다(한국과학기술학회, 2014)." 만약 이 책에서 별도의 설명이 없다면 이 문장은 SF 소설을 설명하는 것으로 오해할 수 있다. 이 문장은 사실 과학기술학을 설명한 내용 가운데 일부다. 과학기술학이 현재의 과학기술에 대한 문제의식뿐 아니라 과학기술이 더 좋은 삶을 위해 발전하도록 과학기술과 사회를 다시 구성하는 일에 관심을 기울이는 학문이라는 의미이기도 하다.

과학지식이 단일할 수 없다는 과학기술학의 학문적 관점은 SF 소설을 과학적 관점으로 읽는 방식과 매우 밀접한 관련성을 가진다고 할 수 있다. SF 소설은 과학기술이 만들어지는 과정이나 과학기술이 만들어진 후의 사회적 결과를 해체하여 분석할 수 있는 기술 사회의 서사로 구성되어 있다는 점에서 더욱 그러하다.

SF 소설을 과학적 관점으로 읽는 일은 독자들이 구체적 맥락 속에서 과학과 기술 사회의 구조를 이해하고, 현실과 저울질하면서 그 가치를 평가하는 것이기도 하다. 예컨대 과학과 기술의 영향 관계, 과학기술의 목적과 기술이 사용되는 과정, 과학기술이 사회에 미치는 영향에 관한 이해와 평가가 있다. SF 소설의 장점은 과학적 지식이 없어도 소설에 나오는 과학적 내용을 독자가 대부분 이해할 수 있다는 데 있다. 잘 짜인 허구는 독자가 과학적 사실을 정확히 이해하지 못해도 이야기의 개연성을 따라가며 그 속에 숨은 진실을 이해하도록 안내하기 때문이다.

넷째, 윤리적 관점에서 SF 소설 읽기는 새로운 윤리적 문제를 생각해 보는 것이다. 기술 사회가 발달하면 할수록 기존의 관습을 넘는 새로운 삶의 형태가 나온다. 새로운 삶의 형태는 생명 윤리, 환경 윤리, AI 윤리 등과 같은 새로운 윤리적 논쟁을 일으킨다. 예컨대 의과학기술의 영향력은 단순히 생명 연장과 건강 증진에 그치지 않는다. 과거에는 삶과 죽음, 나이 듦, 병으로 인한 고통은 자연스럽게 받아들여야만 하는 삶의 문제였다. 현대 의과학기술은 이러한 삶의 문제에도 개입하며 새로운 윤리적 논쟁을 낳고 있다.

SF 소설은 이러한 윤리적 갈등을 기본적으로 장착하고

있는 서사다. 독자는 SF 소설을 통해 윤리 문제와 관련한 다양한 서사를 만날 수 있다. 삶과 죽음에 관한 사고실험의 예를 들어 보자. 만약 사회가 인공 출산만을 장려한다면, 노화를 자연의 생명현상으로 인식하지 않는다면, 통증 없는 세상이 있다면, 인간의 죽음을 다르게 인식하는 세상이 있다면, 아이의 지능을 선택할 수 있다면…. 이러한 사고실험들은 인간성 또는 인간다움이 무엇인가를 깊게 생각하도록 할 것이다.

지금까지 SF 소설 읽기 관점을 개략적으로 설명하여 보았다. 앞으로 4장부터 7장까지는 각각의 읽기 관점에 대해 구체적으로 설명할 예정이다. 미리 말해 둘 것은 각각의 읽기 관점은 같은 사안을 서로 다른 관점으로 분석하는 것이어서 서로 이질적으로 보이거나 때로는 중첩되어 보이기도 한다는 점이다. 삶의 문제는 당연히 그러하다.

참고문헌

한국과학기술학회(2014). 『과학기술학의 세계』. 휴먼사이언스.

Dyson, F. (1997). *Imagined worlds.* Harvard University Press.
신중섭 옮김(2000). 『상상의 세계』. 사이언스북스.

Roberts, A.(2016). *The history of science fiction.* Palgrave History of Literature.

Snow, C. P. (1959). *The two cultures and the scientific revolution.* Cambridge: Cambridge University Press. 오영환 옮김(2001). 『두 문화』. 사이언스북스.

04

SF 소설, 문학적 관점으로 읽기

SF 소설은 인간 중심의 궤도에서 벗어나는 낯선 서사를 통해 문학 논의에서 줄곧 비판받았던 재현의 문제를 새로운 방식으로 보여 주는 장르다. 즉, 문학적 관점에서 SF 소설 읽기는 낯선 세계의 서사를 '지금-여기'의 현실 세계와 연결하여 하나의 알레고리나 메타포로 이해하는 방식이다. 따라서 문학적 관점에서의 SF 소설 읽기는 기존과 다른 형태인 핍진성을 전제한다. 2020년 1월, 세계는 팬데믹이라는 소설 같은 현실과 마주했다. 이 사태는 SF 소설이 리얼리즘 소설의 대안이 될 수 있다는 예증이기도 했다.

SF 소설의 문학 서사적 특징

애덤 로버츠는 데이미언 브로더릭(Damien Broderick)이 제시한 SF 소설의 서사적 특징을 다음과 같이 정리했다. SF 소설이 메타포와 환유적 전략 서사이고, 익숙한 담론을 배제하는 서사이며 과학적이면서 포스트모던한 텍스트라는 것이다(Roberts, 2006).

SF 소설 서사가 메타포와 환유로 구성되면 구체적으로 전달하기 어려운 낯선 개념, 또는 사회적 문제를 독자가 좀 더 쉽게 인식할 수 있다. 예컨대, 청소년 소설『나의 서울대 합격 수기』에 등장하는 주인공은 지구에서 살 형편이 안 되어 달에서 살아야만 하는 인물이다. 달에 가서 사는 이들의 삶은 SF 소설임에도 대단히 현실적이다. 달과 지구의 물리적 공간, 서울대 입학 등은 그저 하나의 메타포로 작동할 뿐이다. 일반인이 달과 지구를 왕복하는 시대인데도 사는 곳, 출신 대학이 중요하다. 인물이 겪는 궁극의 어려움은 빈곤과 결핍의 삶에서 비롯되었음을 메타포로 보여 준다. 이런 유형의 SF 소설은 메타포나 환유 전략을 살펴 읽으면 작가가 전하려는 메시지를 놓치지 않을 수 있는데, 이때 사용되는 관점은 당연히 문학적이라 할 수 있다.

둘째, SF 소설은 대체로 인물 묘사에 초점을 두지 않는다. 익숙한 문학의 문법들, 인물 중심의 전경화(前景化)와 익숙한 텍스트 담론의 스키마를 배제한다. 물론 예외도 제법 발견된다. 본격 문학 작가들이 쓴 SF 소설에서는 인물을 전경화하여 인물의 심리를 탁월하게 보여 주는 문장들도 많이 발견되기 때문이다. 노벨 문학상 작가인 가즈오 이시구로(石黒一雄)의 작품 『나를 보내지 마』, 『클라라와 태양』이 그러한 예다. 그러나 SF 소설의 서사적 경향성은 인물 중심보다는 사회적 삶에, 거대 텍스트 담론에 익숙한 독자의 스키마와는 거리가 있는 것이 일반적이다.

셋째, SF 소설은 문학성이 강한 텍스트보다는 과학적이면서 포스트모던에 가까운 텍스트가 많다. 서사의 내용적 측면에서도 주관성보다는 객관성에 주목하는 편이다. SF 소설에 나타나는 소재가 일반 소설과 다르게 인간과 인간 사회, 또는 타자에 일어날 수 있는 모든 삶의 가능성과 관련된 것이어서 과학적 텍스트가 발견되는 것은 자연스러운 일이다.

물론 작가의 전공이나 스타일에 따라 환경과 과학에 관한 전문 용어가 적지 않게 쓰일 수도 있고 적게 쓰일 수도 있다. 중요한 것은 환경 파괴의 원인과 파괴의 메커니즘, 사람들의 인식 등이 서사로 엮어져 과학적 개연성을 확보할 때 환경에 관한 객관적 서사가 마련되는 것이다.

포스트모던한 텍스트는 SF 소설에 나타나는 서사 대부

분이 현실 세계의 견고한 신념들을 전복하기 위한 장르라는 점과 관련되어 이해될 수 있다. 예컨대 과학기술이 가치 중립적이라는 믿음은 SF 소설에서는 완전하게 전복된 채 나타난다.

인물

일반 문학에서는 대체로 인물을 부각하려는 시공간적 배경과 사건이 서사에 나타난다. 일반 문학의 배경에는 주로 인물의 행위가 벌어지는 장소, 시기, 인물이 처한 상황 등이 주요 요소로 작용한다. 이에 비해서 SF 소설은 인물보다 사회적 모순이 드러나는 배경이 더 도드라지는 경우가 많다. 예컨대, 세계적인 SF 작가 류츠신(刘慈欣)의 청소년 소설집『미래세계 구출』이 그러한 예를 잘 보여 준다. 이 책의 서문을 쓴 사람은 이론 물리학자 리먀오(李淼)인데 그는 이 책의 서문에 이런 내용을 싣는다. "어떤 이들은 류츠신이 이야기는 잘 풀어 가지만 인물 묘사가 부족하다고 말하기도 한다. 그러나 그는 소설 속에 등장하는 인물은 하나의 매개체일 뿐이며, 이야기 자체와 '어떤 사건이 미래에 일어날 가능성'을 더 중요한 문제로 생각하는 것 같다.(劉慈欣, 2001/2019)" SF 소설에서 인물이 차지하는 위치를 잘 설명해 주는 내용이다.

SF 소설에 등장하는 인물은 인간만이 아니다. AI, 인공 생명, 사이보그, 외계인, 동물 등이 주인공이 되기도 한다. 이들은 자아와 타아의 구별, 정체성 등의 혼란을 겪기도 하며 이들이 겪는 문제는 인간의 문제로 한정되지 않는다. 비인간 주인공의 서사는 SF 소설을 읽는 독자가 인간 중심의 사유에서 벗어날 기회를 제공한다. 『2058 제너시스』의 작가 버나드 베킷(Bernard Beckett)은 인간과 AI의 철학 담론을 통해 인간에 관한 존재론적 질문을 던진다. 이 작품에 등장하는 AI 로봇 '아트'는 인간인 '아담'에게 다음과 같이 말한다. "자신을 중심에 놓고 생각하는 것이 바로 인간인 당신의 약점입니다. 제가 다른 시각을 보여 드리죠." 인간인 '아담'이 AI 로봇 '아트'에게는 마음이 없다는 점을 강조하지만, AI 로봇 '아트'는 오히려 인간들의 '자아'라는 것이 하나의 창조물에 불과하다고 일갈한다. "너는 인간의 수명이 짧다고 비웃었지만, 바로 그 죽음에 대한 두려움이 삶에 생명을 불어 주는 거야. 나는 사유에 대해 생각하는 사상가지. 내가 호기심이고 이성이고 사랑이고 증오인 거야. (중략) 내가 세상 안에 있고, 세상도 내 안에 있는 거라고, 나를 통해 우주가 스스로 알아 가고, 그 어떤 기계도 나를 만들어 낼 수는 없어. 내가 바로 의미야." 『2058 제너시스』에 등장하는 AI는 인간의 존재론적 의미를 성찰하게 하는 매개체다. 이처럼 대부분의 SF 소설에 등장하는 비인간 인물들은 인간에 대한 본질적인 물음을 주는 존재로 기능하는 경우가 많다.

사건

SF 소설의 사건들은 대체로 과학기술과 관련 있는 시공간에서 벌어진다. 우주 공간, 최첨단 기술 사회, 근미래 사회 등에서 일어나는 다양한 사건들은 과학기술과 직간접적으로 이어지는 사건이 많다. 예컨대, 앞서 언급했던 『원통 안의 소녀』는 과학기술의 부작용을 다룬 소설로, 기술 연구의 부작용으로 인해 '지우'와 의료용 클론 '노아'에게 사회적 사건이 일어난다. 이에 반해, 남유하의 「국립존엄보장센터」는 자본 사회의 사회적 사건을 다룬 소설로, '생존세'를 낼 수 없는 가난한 노인들의 죽음을 그린다. 소설 속의 사건들은 현실의 고령화 문제를 잘 짚어 내고 있지만, 사건들을 과학기술의 문제로 연결하지는 않는다. 그러함에도 이 사회가 품은 역사성이 과학기술의 발전과 무관하지 않은 것임은 서사 전반에 내포되어 있다. SF 소설에 나타나는 사건들은 근미래에 일어날 수도 있는 과학기술적 가능태를 통해서, 때로는 인문사회적 상상력을 통해 현실의 문제를 오히려 현실보다 적나라하게 짚는다.

SF 소설에 나타나는 사건들은 작가의 배경에 따라 서술 방식에서 기존 문학의 그것과 차이를 보이기도 한다. 작가가 과학을 전공한 경우 사건을 서술하는 데 과학적 개연성을 강조하는 경향성이 있다. 물론 과학을 전공하지 않았더라도 과학적 개념을 잘 표현한 소설도 적지 않다. 하지만 과학 전공자인 작가의 과학적 상상력이 주는 디테일에 색다른 매력이 있는 것도 사실이다. 화학 전공자 김초엽, 수학 교사지만 분자 진화 연구소에서 연구원과 일한 경험이 있는 버나드 베킷, 물리학과 컴퓨터 공학을 전공한 테드 창(Ted Chang), 컴퓨터 엔지니어 류츠신 등 많은 작가의 작품에서 발견할 수 있는 과학적 상상력은 매우 구체적인 개념들과 논리적 개연성으로 표현된다. 예컨대 화학을 전공한 김초엽 작가의 작품『원통 안의 소녀』에는 "유해 영향 관찰", "분진형 나노봇", "나노봇의 자가 증식 속도", "공공 분사 시스템을 구축할 경우 기상 현상을 완벽하게 통제", "온실 기체" 등의 과학적 표현이 곳곳에 등장한다. 반면에 문학을 전공한 로이스 라우리(Lois Lowry)의 소설『기억 전달자』는 최첨단 기술 사회의 민낯을 그리지만, 그 사회의 기술 발전에 관한 서술은 도드라지지 않는다. 그 사회가 매우 첨단화된 기술 사회임을 이해할 수 있는 단편적인 힌트만 주어지는 정도다. "12살 기념식", "유전공학자", "기억 전달자" 등과 같은 일반적인 개념으로 사건을 서술한다. 이러한 점에서 본다면, 과학 전공자들의 사건 묘사가 브로더릭이 언급한 '과학적 텍스트'에 가깝다고 할 수도 있을 것이다.

배경

SF 소설의 배경은 대체로 낯선 시공간으로 나타난다. 대부분 소설에서 나타나는 시공간적 배경은 현실과 다른 매우 이질적인 형태를 띤다. 패트릭 패린더(Patrick Parrinder)는 이와 관련하여, SF 소설의 시공간은 독자에게 매우 낯선 세계를 상상하고 추론하도록 함으로써 새로운 혁명적 관점에서 삶의 조건과 그 전개를 돌아보게 할 수 있다고 말한다(Parrinder, 2001). 패린더의 논의는 SF의 시공간적 배경 그 자체가 작가의 메시지를 표현하는 데 지대한 역할을 한다는 의미로 보아도 무방할 것 같다.

고장원은 "과학소설의 주인공은 등장인물이 아니라 그를 둘러싼 독창적인 세계다"라고 말한다. SF 소설 편집자 윌리스가 SF 소설의 진짜 주인공은 아이디어(idea)이지 인물이 아니라고 한 말을 소개하면서 한 말이다. SF 소설의 시공간적 배경이야말로 독자에게 경이로움과 통찰을 제공한다는 점에서 등장인물보다 더 중요한 역할을 한다는 것이다(고장원, 2013).

작가가 창조한 새로운 SF 시공간의 세계는 현실의 어느 곳에서도 불가능한 작가의 주관적 세계다. 예컨대 SF 소설에서는 알레고리를 위해 설정한 시공간, 현대 과학에서 말하는 4차원의 시공간도 나타난다. 이러한 시공간은 환상이나 과학 이론의 예측을 위한 것이 아니라 인간의 인지적 한계를 극복하려는 하나의 서사 장치로 쓰인다.

지금까지 SF 소설을 문학적 관점에서 다양하게 읽어 볼 요소들을 소개했다. 문학적 관점에서 본다면, SF 소설에 나타나는 다양한 미학적 기법들이 리얼리즘 문학의 한계를 넘어설 수 있는 통로를 열었다고 할 수 있을 것이다.

참고문헌

고장원(2008). 『SF의 법칙』. 살림.

김성희(2018). 나의 서울대 합격 수기. 정명섭 외, 『나의 서울대 합격 수기』(71~117쪽). 단비.

김초엽(2019). 『원통 안의 소녀』. 창비.

남유하(2022). 국립존엄보장센터. 김애연·김영희·김진영·최지혜(편), 『국립존엄보장센터』(11~39쪽). 서해문집.

劉慈欣. (2001). 未来世界救援(Future Rescue). 重庆出版社. 김지은 옮김(2019). 『미래세계 구출』. 자음과 모음.

Beckett, B.(2006). *Genesis.* Text Publishing. 김현우 옮김(2010).

『2058 제너시스』. 내인생의책.

Ishiguro, K. (2005). *Never let me go*. Faber & Faber. 김남주 옮김(2020). 『나를 보내지 마』. 민음사.

Ishiguro, K.(2021). *Klara and the Sun.* Knopf. 홍한별 옮김(2021). 『클라라와 태양』. 민음사.

Lowry, L.(1993). *The Giver*. Houghton Mifflin Harcourt. 장은수 옮김(2007). 『기억 전달자』. 비룡소.

Parrinder, P.(2001). *Learning from Other Worlds,* Duke University press.

Roberts, A.(2006). *Science Fiction,* Vol. 2nd ed. Routledge.

05

SF 소설, 과학적 관점으로 읽기

SF 소설은 과학도뿐만 아니라 과학에 흥미가 없는 학생에게도 과학과 기술 사회에 대한 새로운 시각을 줄 수 있다. SF 소설에 나타나는 과학적 상상은 어쩌면 근미래의 잠재적 가능태일 수 있다. 물론 SF 서사에 얽힌 과학적 상상은 과학 시간에 배우는 지식과는 다른, '낯섦'과 '가능태'가 혼재된 내용이 주를 이룬다. 이러한 과학적 상상력은 문학을 통해 과학에 대한 호기심과 관심을 촉발할 수 있을 뿐만 아니라 인문과학적 소양에도 긍정적 영향을 미칠 수 있다.

문학에서의 과학

19세기 초반 작품인『프랑켄슈타인』의 과학적 상상은 메리 셸리 개인의 상상력에서 비롯되었다고 할 수 없었다. 1818년 초판 서문에 밝힌 내용과 그의 일기 기록은 이를 뒷받침하는 근거가 된다. 서문의 시작은 이렇다. "이 소설의 바탕을 이루는 사건은 다윈 박사와 독일의 몇몇 생리학자들에 의해 불가능한 일은 아니라고 가정되어 온 것이다." 이후 1931년 수정판 서문에는 갈바니즘이 생명 소생의 징표가 될 수도 있다는 가능성을 말한다(Shelley, 1818/2019).

또한,『메리 셸리의 일기(The Journals of Mary Shelley)』에는 셸리가 당시 의학이나 과학계의 많은 정보를 접했음을 알 수 있는 도서 목록이 나타난다(추재욱, 2014).『프랑켄슈타인』의 '괴물'은 당대의 과학적 호기심과 셸리의 문학적 상상력이 탄생시켰다.

19세기 서양 과학의 진보는 당대 지식인의 인식을 변화시켰다. 특히 다윈의 진화론은 불변할 것 같은 진리들이 더는 진리가 아닐 수도 있음에 관한 내용이었다.『다윈의 플롯』을 쓴 작가 질리언 비어(Gillian Beer)는 진화론이 당시 작가들의 서사 방식에도 영향을 주었다고 말한다. 이 근거로 조지 엘리엇(George Eliot)의 소설에 나타난 '미래의 관념'이나 토머스 하디(Thomas Hardy)의 소설에 나타난 '인간의 척도를 존중하는 서사'를 예로 든다(Beer, 1983/2008).

19세기 산업혁명 이후에는 공장, 가스등, 철도, 증기기관차, 증기선, 공중 보건, 전신 등이 삶과 밀접한 형태로 소설에 나타나기 시작했다. 연구에 따르면, 인공조명 '가스등'은 삶을 획일화하고 개개인의 정체성을 지우는 결과를 초래하기도 했다. 각 개인이 원하던 시간에 등불이나 촛불로 자신의 공간을 밝히던 삶의 방식에 영향을 주면서 시작된 것이다(김소연, 2020). 19세기 삶의 방식에 변화를 가져온 '가스등'은 상류층의 독서 인구를 증가시켜 문학 발전에 힘을 실었으나 다른 한편으로는 공장 근무 시간이 늘어나 노동자의 삶을 힘겹게 했다(박중현, 2009.9.23).

19세기 대표적 기술 혁신은 기차였다. 철도 위를 달리는 기차의 출현은 시간과 공간에 대한 인식을 변화시켰다. 예컨대 『안나 카레니나』(2009)에 등장하는 기차역은 단순한 배경이라기보다 '안나'의 행복과 불행이 전환되는 상징적 공간으로 이해될 수 있다.

그런데 같은 '기차'라 해도 19세기 일반 소설에 등장하는 '기차'와 SF 소설에 등장하는 '기차'는 구별해서 이해하는 게 좋다. 예컨대 『안나 카레니나』에 등장하는 기차역의 기차와 『80일간의 세계 일주』(1873)에 등장하는 기차의 의미는 다르다. 전자는 기술 사회의 상징으로서의 '기차'이지만, 후자는 과학적 상상력에서 태동하여 소설을 이끄는 서사 장치로서의 '기차'다.

과학적 상상력과 과학

SF 소설에 등장하는 과학적 상상력과 실제 과학 간의 괴리는 언제나 존재한다. 그렇지만 이 두 가지는 상호침투적이다. 과학적 상상력이 과학적 호기심, 과학적으로 사고하는 기회, 과학기술 환경에 대한 이해를 촉진한다는 점에서 그러하다. 『코스모스』의 저자 칼 세이건(Carl Sagan)이 어린 시절 SF 애독자였다는 이야기는 유명하다. 그는 SF 소설 『콘택트』를 집필하기도 했다. 콜린 밀번(Colin Milburn)은 SF가 과학자들에게 개념적이고 실용적인 자원으로서 역할을 하였음을 입증했다. 밀번은 그 근거 중 하나로 물리학자 제럴드 파인버그(Gerald Feinberg)의 예를 든다. 파인버그는 타키온이라는 소립자 가설에 대한 아이디어를 SF 소설을 읽다가 떠올렸다고 한다(Milburn, 2016; Rees & Morus, 2019 재인용).

SF 소설의 과학적 상상은 과학자를 꿈꾸는 독자에게는 과학적 호기심을 증폭한다. 반면에 과학에 그다지 관심이 없었던 독자에게 과학적 상상은 과학 지식에 흥미를 일으킬 촉매제가 될 수 있다. SF 소설을 과학적 관점으로 읽기는 독자의 세계에 과학 지식과 과학적 상상력이 상호 침투하는 과정이라는 점에서 그렇다.

SF 소설의 이해 과정에서 과학기술의 현실 가능성은 그다지 중요한 핵심 사항이 아니다. SF 소설에 등장했던 기술 가운데에는 상상이 현실이 된 것도 있고, 먼 미래에도 불가능할 기술도 있다. 작가에 따라서는 과학 이론으로는 아예 불가능한 과학적 상상을 서사에 넣기도 한다. 그렇더라도 과학적 상상력으로 빚어진 상상의 산물은 독자에게 어떤 방식으로든 현재의 과학기술을 떠올리게 하는 힘이 있다.

박신희는 사회 구성주의 관점에서 과학을 바라보면, '과학적 소양'은 과학을 어떻게 인식하고 있는가와 관련이 있다고 한다. 따라서 '과학적 소양'은 시민의 참여 정도, 과학과 일상의 관련성 인식, 정체성의 구성과도 관련이 있다(박신희 · 김찬종, 2022). 소설 속 삶의 방식이 그 사회의 과학기술과 어떻게 연관되어 있는지를 인식하는 힘, 이것을 과학적 소양이라 한다면, 이 과학적 소양은 SF 소설을 활용한 읽기에서 얻을 수 있는 역량이다. 따라서 과학적 상상력과 과학 간의 상호침투성은 독자의 과학적 소양을 증진하는 데 도움이 된다.

과학적 소양을 위한 SF 소설 읽기

패린더(Parrinder, 2001)와 클라인(Klein, 2010)은 의과학, 문학 전공생 등에게 SF 소설을 가르치는 일의 유용성을 말한다. 이와 관련해서 국내의 연구도 적지 않은데 이 중에서 김정숙과 하병학, 손나경은 과학적 상상력에 초점을 맞추고 인문학적 소양을 논의한다(김정숙 · 하병학, 2021; 김정숙, 2023; 손나경, 2019). SF 소설에서 얻을 수 있는 인문학적 소양은 과학적 소양의 다른 말이기도 하다. SF 소설이 대체로 기술 사회에 토대를 두었다는 점에서 그러하다.

언급했듯이 과학도를 꿈꾸는 독자에게 SF 소설은 더할 바 없이 유용한 텍스트가 될 수 있다. 이 유형의 독자는 SF 소설에 나오는 과학 용어를 검색한다거나 과학적 상상력의 실현 가능성을 궁금해하기도 한다. 이때의 과학적 상상력이 주는 즐거움은 읽기의 즐거움에서 그치는 것이 아니다. 미래에 어쩌면 도래할 가능성의 일들을 당겨와 '지금-여기'의 삶에 대한 이해의 도구로 활용될 수 있는 것이다. 『미래세계 구출』은 『삼체』의 작가 류츠신(劉慈欣)이 쓴 청소년 소설이다. 류츠신은 청소년들이 과학을 쉽고 재미있게 이해하고, 그것을 통해 세상과 우주를 이해하기 바라는 마음으로 이 소설을 썼다고 이야기한다. 작품을 해설한 물리학자 리먀오는 『미래세계 구출』에는 "세계의 기원과 물질 구성, 세계 운행 방법, 석탄 가스화에서 생물 보호까지" 다양한 과학 지식이 풍부하게 담겼다고 말한다(劉慈欣, 2001/2019). 해설 내용만 본다면 이 소설이 마치 전문 과학 도서 같이 생각되기도 한다. 하지만 『미래세계 구출』은 물리학이나 화학과 관련이 깊은 이야기를 다루면서도 독자가 일상에서 쉽게 볼 수 있는 소재와 에너지를 다룬다. 자칫 어렵게 느낄 수 있는 과학 이야기라도 흥미롭게 읽을 수 있는 이유다.

물론 SF 소설을 처음 접하는 독자 중에는 과학과 관련된 내용에 부담감을 느끼는 독자도 있다. 하지만 SF 소설의 서사적 특징은 과학 정보 도서와 다른 방식으로 독자의 읽기를 안내한다. 언급했듯이, 『원통 안의 소녀』에는 과학적 개념이 적지 않게 나온다. 과학에 관심이 적었던 독자라도 소설 내용에 궁금증이 생기면 과학적 지식에 관심을 보이기도 한다. "'나노봇'이라는 게 얼마나 작은 걸까요?" '나노' 단위나 '로봇'의 범위에 관한 궁금증은 소설을 이해하려는 태도에서 비롯된 것이다. 하지만 이것은 '눈에 보이지 않는 매우 작은 나노 단위', '로봇이 공기 중에 분사되어 대기오염 물질을 제거한다'와 같은 실증적 지식과 연결되는 개념이다. 독자의 과학적 관심이 독자의 질문을 만들

때 과학적 소양은 커질 수 있다. '실제 이런 기술이 존재할까?', '이 원리는 내가 알고 있는 무엇과 비교할 수 있나?', '기술로 인해 겪는 불평등을 어떻게 해결해야 하나?' 다양한 생각과 질문은 독서 과정이나 독후 활동에서도 유의미하다.

독자의 생각과 질문이 과학적 지식에 닿더라도 읽기의 핵심이 과학 지식이 아니라 그 지식 너머에 있는 철학적 성찰에 방점이 있다는 점을 이해할 때, 독자는 과학에 관한 부담감을 내려놓을 수 있는 것이다. 여기에 더하여 소설 읽기로 인해 현실의 과학 이슈에도 관심이 생기게 된다면, 그래서 전에는 경험하지 못한 생각이나 질문이 떠오른다면 성공적인 과학적 관점으로서의 읽기라고 할 수 있을 것이다.

참고문헌

김소연(2020). "두 번째 형태" 실험하기: 스티븐슨의 글에 나타난 조명과 현대성. 《인문과학연구논총》, 42권 4호, 13~46.

김정숙(2023). 융합적 사고를 위한 SF 소설 읽기 지도 모형 개발 연구. 가톨릭대학교 박사 학위 논문.

김정숙·하병학(2021). 과학소설에 나타난 인조인간의 의미와 그 교육적 유용성. 《사고와 표현》, 14집 1호, 131~165.

김초엽(2019). 『원통 안의 소녀』. 창비.
박신희·김찬종(2022). 평생학습적 시각을 통해 바라본 SSI 교육과 과학적 소양. 《한국과학교육학회지》, 42권 1호, 61-75.
박중현(2009.9.23). 1848년 백악관 가스등 설치. ≪동아일보≫, https://www.donga.com/news/Culture/article/all/20081229/8677159/1
손나경(2019). 과학소설(SF)을 통해 배우는 서사적 추진력 - 과학소설(SF) 대상 교양교육 과목의 설계와 검토. 《교양교육연구》, 13권 5호, 103-128.
추재욱(2014). 19세기 과학소설에 재현된 의과학 발전양상 연구. ≪의사학≫, 23권 3호, 543~572.
劉慈欣(2001). 未来世界救援(Future Rescue). 重庆出版社. 김지은 옮김(2019). 『미래세계 구출』. 자음과 모음.
Beer, G.(1983). *Darwin's plots: Responses: George Eliot and Thomas Hardy*. Cambridge University Press. 남경태 옮김(2008). 『다윈의 플롯』. 휴머니스트.
Klein, M.(2010). *Incorporating Science Fiction into a Science Rhetoric Course Practicing Science Fiction*. McFarland.
Milburn, C.(2016). *Ahead of Time: Gerald Feinberg and the Governance of Futurity*. Osiris.
Parrinder, P.(2001). *Learning from Other Worlds*. Duke University press.
Rees, A. & Morus, I. R.(2019). *Presenting Futures Past: Science Fiction and the History of Science*. Osiris 34, University of California Santa Barbara.
Sagan, C.(1980). *Cosmos*. Ballantine Books. 홍승수 옮김(2006). 『코스모스』. 사이언스북스.
Sagan, C.(1985). *Contact*. Ballantine Books. 이상원 옮김(2001). 『콘택트』. 사이언스북스.

Shelley, M.(1818). *Frankenstein.* Lackington, Hughes, Harding, Mavor, & Jones. 오숙은 옮김(2011). 『프랑켄슈타인』. 열린책들.

Tolstoy, L.(1877). *Anna Karenina.* The Russian Messenger. 연진희 옮김(2009). 『안나 카레니나』 민음사.

Verne, J.(1873). *Around the world in eighty days.* Pierre-Jules Hetzel. 윤진 옮김(2013). 『80일간의 세계 일주』. 비룡소.

06

SF 소설, 사회문화적 관점으로 읽기

SF 소설의 서사는 인간의 내면보다는 사회적 삶에 집중하는 특징이 있다. 따라서 기존 소설보다 사회문화적 맥락에 초점을 맞춰 인간의 삶과 사회상을 조망한다. 이 점을 활용하면 기술로 포획된 현대 사회의 내면, 그 안에서 소외되어 파편화된 개인과 공동체 삶의 복잡다단한 얽힘을 이해하고 성찰하는 교육이 가능할 것이다. 사회문화적 관점으로 읽는 과정에서 비판적 리터러시는 하나의 유용한 읽기 방법론으로 작용할 수 있다.

과학기술과 사회문화적 관점

SF 소설에는 대체로 현재 기술보다 발전한 미래 사회가 등장한다. 이 미래 사회의 모습은 현실 사회를 비판적으로 이해하기 위한 하나의 장치로 이해될 수 있다. 예컨대 과학기술에 얽힌 삶의 문제를 해결하기 위해서는 사회적 이해관계를 고려하는 일이 필수 조건이 되어야 하기 때문이다.

과학기술학 관점에서는 과학 지식을 구성하는 데는 언제나 사회적 요소가 개입하며, 과학에서 일어나는 논쟁들은 사회적 이해관계를 통해 해결된다고 여긴다. 과학적 진리와 사실은 과학자들끼리의 합의이며 '사회적으로 중재된 협상'인 것이다(한국과학기술학회, 2014). 이 관점에서는 과학적 진리와 사실은 절대 진리나 객관적 사실이 아님을 강조한다.

언급했듯이, SF 소설은 사회적 삶을 강조한다. SF 소설이 미래의 문제를 다루는 듯이 보이지만 실제는 우리가 직면하고 있는 인간과 인간 사회에 얽힌 사회적 삶의 문제를 다룬다. 이 삶의 문제를 이해하는 방식 가운데 하나가 비판적 리터러시 관점에서 읽는 것이다.

비판적 리터러시

허구는 때로 사실 너머의 진리를 보여 줄 힘이 있다. SF 소설도 마찬가지다. SF 소설 속에서 마주한 사회의 진실은 대체로 과학기술을 둘러싼 권력 작용과 그것에 얽힌 삶의 이야기를 통해 드러난다. 독자가 SF 소설이 그려 내는 서사를 비판적으로 이해할 수 있다면, 소설 속 기술 사회의 민낯과 마주할 수 있다.

언어와 비판적 리터러시 관계를 연구한 힐러리 쟁크스(Hilary Janks)는 리터러시가 언제나 기술의 발달과 관련되었음을 주장한다. 특히 정보화 시대의 리터러시는 공정하지 않으며 차별적인 특성이 있어서 리터러시가 권력의 문제와 분리되는 일은 불가능하다고 보았다. 쟁크스에 따르면, 텍스트 이해란 불평등에 관한 언어적 표현, 또는 그와 관련한 거대 담론을 분석하여 서사를 읽어 내는 것인데 그것은 인물들의 대화나 서술 방식에서 찾을 수 있다(Janks, 2010/2019). 이 논의는 과학기술 사회에서 용인되는 언어 사용이나 거대 담론을 사회문화적 맥락에서 해체하여 그 사회를 조망할 수 있다는 장점이 있다.

지나 세버티(Gina Cervetti)는 비판적 리터러시에서 '비판적(Critical)' 개념은 지식이 객관적이거나 가치 중립적일 수 없다는 의미라고 말한다. 비판적 리터러시를 통한 읽기는 기본적으로 텍스트의 '의미'를 구성하는 과정으로서의 읽기라 할 수 있는 것이다. 특히 텍스트로부터 의미를 축출해 내는 것보다 사회적, 역사적으로 맺어진 권력관계에서 텍스트 의미를 구성하는 것이 더 중요하다. 즉, 비판적 리터러시에서의 읽기는 세계를 알기 위한 하나의 행위이고 사회 변화를 위한 하나의 수단이 된다(Cervetti et al., 2001).

SF 소설을 사회문화적 관점에서 읽는 일도 텍스트를 사회 비판적으로 이해하는 과정을 포함하며, 이는 독자의 비판적 의식과 관련을 맺는다. 따라서 SF 소설을 사회문화적 관점에서 읽는 읽은 비판적 리터러시에서의 읽기로 이해하여도 무방한 것이다. 이때의 비판적 리터러시는 SF 소설을 비판적 관점으로 읽는 하나의 읽기 방법론으로 이해하여도 좋다.

이 맥락에서는 SF 소설이 사회적 비판에 필요한 핵심자료로 이해될 수 있다. "독자가 가져야 할 치열하고 비판적인 자각(Rees & Morus, 2019)", "과학과 문학 자본 및 문화 정치의 의미와 관련성을 놓고 진행 중인 문화투쟁의 현장(Vint, 2014/2019)"라는 언급에서도 사회문화적 관점에서의 SF 소설의 가치를 확인할 수 있다.

따라서 SF 소설을 비판적 리터러시로 이해하는 일은 여러 사회적 이슈를 권력의 관점에서 이해하는 통로를 확보하는 것이다. 예컨대 SF 소설을 읽으면서 혜택과 불이익의 주체를 떠올릴 수 있다. '이 사회에서 누가 가장 이익을 얻는가?', '이 사회에서 누가 불이익을 당하는가, 혹은 누가 소외되는가?' 사회적 약자에게 시선을 쏟아야 서사를 제대로 이해할 수 있는 것이다. 권력 문제에 더하여 SF 소설을 비판적 리터러시로 이해할 때 환경 문제는 다루지 않으면 안 될 핵심 주제이기도 하다. SF 소설에 등장하는 환경 관련 이슈는 생태계 파괴만이 아니라 소외된 타자와도 연결되어 있다.

비판적 리터러시와 소외된 타자의 문제

기술 사회로 인해 소외된 타자는 누구인가? 인류가 과학의 원리를 이용해 발전시킨 기술들은 여러 편익을 주었다. 하지만 인공적 기술이 누구에게나 공평하게 작용한다고 이해하기는 어렵다. 현대 사회는 더욱 그렇다.

「탄생과 소생 사이」(홍준영, 2021)는 인간의 '소생' 실험에 관한 소설이다. 소생학회는 사고사로 죽은 고아 A 군에게 진핵생물을 삽입하여 살아나게 한다. 소생학회 과학자들은 A 군의 '있음'이 '탄생'이 아니라 '소생'이길 바란다. 사건의 발단은 A 군이 자신의 정체성을 지키려는 것으로 시작한다. 이 소설을 비판적으로 이해하면 텍스트 이해는 생명 윤리뿐만 아니라 비공개 실험 연구, 생명 연구 주체의 '권력'에 얽힌 과학 연구의 사회적 진실에 가 닿는다.

김초엽 작가는 청각 장애인이다. 그는 '정상성'에 관한 사회의 관습적 담론을 비판한다. 장애와 관련한 기술 개발 담론이 마치 장애인에게 '정상성'을 부여하는 것처럼 여겨지는 사회 인식을 이야기한다(김초엽 · 김원영, 2021). 그는 『원통 안의 소녀』의 '지우'의 서사를 통해 장애에 대한 사회적 시선과 갈등을 잘 드러내고 있다.

「국립존엄보장센터」는 빈곤한 노인의 삶을 말한다. '국립존엄보장센터'의 실체는 기관의 명칭과 달리 빈곤한 노인의 죽음을 관리 감독하는 시설이다. 소설에는 더 살아봤자 좋은 일은 없을 테니 존엄사가 낫다는 노인도 있고, 자식이 고의로 '생존세' 납부를 거절해 센터로 끌려온 노인도 있다. 독자는 살아갈 권리를 빼앗긴 노인의 이야기를 통해 고령화 사회, 그리고 존엄한 죽음에 관해 다시 생각해 볼 수 있다.

의과학기술은 인간의 건강 증진과 수명 연장을 보장했으나 존엄과 직결된 행복을 보장하지는 못했다. SF 소설은 자칫 무관심할 수도 있는 이웃의 어려움을 하나의 알레고리로 전달하는 힘을 보여 준다. 이를 통해 독자는 사회적 약자에 관심을 기울이는 기회를 얻는다.

비판적 리터러시와 지구 환경 문제

과학기술의 미래 예측은 현재 당면한 그 사회의 여러 가지 현안에서 벗어나기는 어렵다. 주지하는바, 최근 과학기술의 미래 담론에는 'AI'나 '로봇'과 관련한 정보와 예측이 빠지지 않는다. 이에 비해 주목받지 못하는 미래 담론이 있는데 바로 '기후변화'에 관한 것들이다.

전치형과 홍성욱은 기후에 관한 미래 이야기는 기득권층의 이득에 반하기 때문에, 인기 없는 미래 담론이라고 말한다. 하지만 기후 담론이야말로 다양한 미래상을 통해 기후 미래를 상상하고 논쟁하는 과정에서 만들어 나가는 것이다(전치형 · 홍성욱, 2019).

안타깝게도 현실의 기후 관련 논쟁은 때로 정치, 경제, 사회적 이익 관계에 얽혀 기후 환경의 본질을 가리기도 한다. 지구 온난화 원인에 대한 사회적 논쟁이 대표적 예일 것이다. 이와 달리 SF 소설에 나타나는 기후 환경 담론은 지구가 처한 본질적 문제의식을 담아내는 공익성을 담보한다. 김초엽(2021)의 소설『지구 끝의 온실』에 나타나는 기후 환경 문제는 '더스트'다. '더스트'는 안개 형태로 퍼지면서 기후를 교란하여 생명체에게 치명적 위험을 끼치는 존재다. 소설에서 '더스트'는 '탄소 배출'이나 '미세 먼지'로 초래되는 기후 위기의 은유로 보인다. 작가는 『지구 끝의 온실』이 우리가 이미 깊이 개입한, 그러나 살아내야 할 지구를 생각하고, 사랑할 수 없는 세계를 재건하겠다고 결심한 사람들의 마음에 관한 이야기라고 말한다.

사실 우리는 SF 소설이 아니더라도 지금-여기의 환경 문제가 기후 미래에 닿아 있음을 안다. 그러나 대부분 지식으로서 안다. 극단적 가뭄과 홍수, 자원 부족으로 인한 난민 증가는 사실로 나타나고 있으나, 우리에게 강력한 서사로 작동되지 않는다. 머릿속에 남은 이미지와 사실에 머물러서는 이 인류세 재난의 파국을 재건할 힘이 생기지 않는다. 기후 문제가 현안으로 떠오르면 떠오를수록 SF 소설의 과학적 상상력이 지닌 창조적 대응은 독자의 공감과 비판적 이해를 얻는 데 도움이 될 것이다.

참고문헌

김초엽(2019). 『원통 안의 소녀』. 창비.
김초엽(2021). 『지구 끝의 온실』. 자이언트북스.
김초엽·김원영(2021). 『사이보그가 되다』. 사계절.
남유하(2022). 국립존엄보장센터. 김애연·김영희·김진영·최지혜(편), 『국립존엄보장센터』(11～39쪽). 서해문집.

전치형·홍성욱(2019). 『미래는 오지 않는다』. 문학과지성사.
한국과학기술학회(2014). 『과학기술학의 세계』. 휴먼사이언스.
홍준영 외(2021). 소생과 탄생 사이, 길상효 외, 『당첨되셨습니다』(103~120쪽). 비룡소.
Janks, H.(2010). *Literacy and Power.* Routledge, 장은영 옮김(2019). 『리터러시와 권력』. 사회평론아카데미.
Rees, A. & Morus, I. R.(2019). *Presenting Futures Past: Science Fiction and the History of Science.* Osiris 34, University of California Santa Barbara.
Vint, S.(2014). *Science Fiction: A Guide For The Perplexed.* Bloomsbury Publishing Plc. 전행선 옮김(2019). 『에스에스에스프리 SF를 읽을 때 우리가 생각할 것들』. 아르테.
Cervetti, G. N., Pardales, M. J., & Damico, J. S.(2001). *A Tale of Differences: Comparing the Traditions, Perspectives, and Educational Goals of Critical Reading and Critical Literacy.* An electronic journal of International Reading Association. Reading Online, Volume 4 Issue 9.

07

SF 소설, 윤리적 관점으로 읽기

SF 소설을 읽다 보면, 무심히 지나칠 수 있는 삶의 조각들과 마주하게 되는데 그 삶의 조각에 박혀 있는 윤리적 쟁점은 공공성과 관련이 깊다. AI 기술과 관련한 논쟁들, 삶과 죽음을 다루는 의과학기술의 논쟁, 과학기술로 인한 환경 오염 문제 등에 대한 우리의 태도 등이 그러한 사례다.

현대 자본과 지식의 융합은 인간의 삶과 죽음은 물론이거니와 다른 종의 삶까지 관여하며 그들의 정체성에 영향을 미치고 있다. SF 소설을 윤리적 관점으로 읽는다는 것은 지속 가능성을 전제로 인간의 삶을 성찰하며 읽는다는 의미다.

과학기술과 윤리

과거, 사회집단은 특정 이동 거리를 벗어나지 않은 채 공동체 범위 안에서 서로 영향 관계를 이루며 살아갔다. 어떤 행위의 결과가 지금처럼 먼 나라 또는 미래 세대까지 빠른 속도로 스며들기는 어려웠다. 반면에, 우리는 현재 윤리적 행위의 대상이 지구 반대편, 나아가 미래 세대까지 확장되는 시대를 살고 있다. 예컨대 에어컨 사용, 공장의 탄소 배출, 아마존의 무분별한 벌목 등은 지구의 기후 환경에 지대한 영향을 주었다.

물론 기술로 인한 세계사적 변화는 역사 이래 늘 있었다. 하지만 산업혁명 이후 일어난 변화의 내용과 속도는 전 지구적이며 급진적이다. AI 윤리, 생명 윤리, 환경 윤리 등은 인간과 인간관계를 넘어선 윤리의 문제에 관한 것들이다. 기술이 발전하면 할수록 사회에 미치는 영향은 커질 것이며 이에 따른 윤리적 문제도 함께 고민해야 한다.

AI 윤리 읽기

SF 소설을 윤리적 관점으로 읽는다는 의미는 과학기술 사회에서 발생하는 여러 윤리적 논쟁에 관심을 쏟고, '좋은 삶'을 향한 실천적 태도를 보이는 것이다. 조지 오웰(George Orwell)이 『1984』에서 일찍이 예견했듯이, 과학기술을 이용한 감시와 통제, 정보 조작과 기록물의 수정은 '진실'을 가리는 데 유용하게 쓰인다. 기술을 이용한 감시와 통제, 정보를 조작한 가짜 뉴스, 사이버 폭력, 사이버 범죄 등이 실제로 벌어지고 있지만, 이 형태의 문제는 기존의 전통적 윤리로는 설명될 수 없다. 새로운 윤리적 관점이 있어야 한다.

AI 윤리란 AI 기술의 개발, 사용과 그 영향력에 관한 윤리적 기준을 마련하는 일과 관련이 있다. 하오징팡(郝景芳)의 「사랑의 문제」에는 특이점을 넘은 AI들이 등장한다. 어느 날, AI 집사가 살인 사건 정황을 증언하기 위해 법정에 서는 일이 발생한다. AI 집사가 증언할 것은 일하는 집 아들이 아버지를 살해할 가능성이다. AI의 증언은 진실을 벗어났다. AI로서는 '증오'로 보였던 아버지를 향한 '사랑'의 감정을 이해할 수 없었기 때문이다.

테드 창(Ted Chiang)의 「소프트웨어 객체의 생애 주기」는 가상 세계의 소프트웨어 AI를 다룬다. 소설 속 AI '디지언트'는 주인과 상호작용하면서 성장하는 애완 인공물이다. 가상 세계는 인간에 의해 만들어지고 조작된 세계지만 그 세계 속의 존재들은 실제 거기에 있는 것처럼 생생하다. '애나'는 '디지언트'를 키우면서 '디지언트'에게 깊은 사랑을 느끼지만, 소프트웨어 시장 상황은 좋지 않다. 점차 유기되는 '디지언트'가 늘어나고 플랫폼은 위기에 처한다. 소설은 '디지언트'의 지적 자산권 및 권리, 가상 세계 서비스 종료 문제 등 새로운 상황의 사이버 윤리를 말한다.

AI가 등장하는 SF 소설 읽기는 AI 기술이 어떠한 가치를 지녀야 하는가를 생각하도록 한다. 'AI는 인간 사회에 무엇으로 존재하는 것이 바람직한가?, '인간이 AI에게 감정적 위로를 받는 것이 윤리적 문제가 될 수 있는가?', 'AI를 신뢰하는 행위는 인간관계에 어떤 영향을 미치는가?', 'AI는 단순한 도구가 아니라 새로운 형태의 존재인가?', 'AI가 사용자와 상호작용하여 성장(발전)한다면 최종 소유권은 누구에게 있는 것인가?'

생명 윤리 읽기

과거, 삶과 죽음의 영역은 신의 것이었다. 『프랑켄슈타인』의 과학자 '빅터'는 인간의 유한성을 극복하기 위해 '신의 영역'에 도전한다. 그것이 곧 인류를 구원하는 일이라고 믿고, 실험이 성공한 후에 받게 될 '인류의 칭송'까지 꿈꾼다.

이 '빅터'가 꿈꾸었던 욕망 가운데 일부는 이미 상상이 아닌 가능태가 되었다. 20세기 시험관 아기, 21세기 유전자 편집 기술, 생명 유지 장치 등이 기술 발전의 끝은 아닐 것이기 때문이다.

미국 청소년 소설『파랑피』는 죽을 수밖에 없는 딸을 과학자 아버지가 살려내는 이야기다. 극소량의 뇌와 세포를 재생하여 딸을 살려냈지만 정작 딸 '제나'는 '인간의 조건'을 묻는다. '나는 충분한가?' '제나'는 10대 피부를 지니고 260년을 살아간다. '제나'는 '과학자 윤리'도 묻는다. '아버지가 모든 권한을 가졌다는 말인가요?'

SF 소설을 생명 윤리에 초점을 맞춰 읽는 것은 SF 서사에 흐르는 윤리적 갈등을 읽어 내어 인간 존재의 본질에 관한 깊은 성찰 또는 생명체에 대한 책임을 환기하는 일이다. 다음 질문들은 생명 윤리에 대한 '환기'와 '성찰'을 위한 것이다. '생명 기술로 야기되는 사회적 문제는 무엇인가?' '소설 속 사회는 생명 윤리 갈등을 어떠한 가치로 풀어 가는가?' '인간의 의식을 디지털로 복원한다면, 그 사람은 원래와 동일 존재인가?' '생명을 연장하는 기술은 사회적 불평등을 일으키는가?' '유전자 편집 기술이 인간의 본질을 변화시키는가?' '인간성의 본질은 무엇인가?'

삶과 죽음이 누구에게나 공평하다고 말하기 어려운 시대다. 장기 이식, 유전자 편집 기술, 생명 복제 기술과 같은 의과학기술은 현재 소설이 아닌 현실의 기술이다. 이러한 기술이 발전하면 할수록 어떠한 윤리적 잣대를 가져야 할

까의 문제는 첨예한 것이다. 다른 형태의 '생명'에 관한 물음이 생겼기 때문이다. SF 소설에 등장하는 생명 윤리에 관한 서사들은 생명에 관한 본질적 물음과 인간의 정체성을 고민하게 한다. SF 소설을 윤리적 관점으로 읽는 이유다.

환경 윤리 읽기

당연했던 인간의 조건, 지구 환경이 위태로워졌다. 기후위기의 시대에 SF 소설의 임무 중 하나는 환경 문제를 독자의 관심사로 끌어내 오는 일일 것이다. 『원통 안의 소녀』의 공간적 배경은 파괴된 대기 환경을 기술로 다시 복구한 사회다. 소설은 기술로 기술의 문제를 해결할 가능성을 보여 준다. 하지만 원래의 대기 상태로는 복원될 수 없음도 보여 준다.

소설에 나오는 환경 기술은 다수에게 맑은 공기를 선사하나 극소수에게는 '의도치 않게' 고통을 준다. '다수의 건강과 행복감, 극소수의 부작용과 고통이라는 윤리적 딜레마를 해결할 최선은 무엇인가?', 부작용을 겪고 하루아침에 사회적 약자가 된 극소수에 대한 사회적 인식을 생각하며 읽는 것도 좋다. '부작용을 겪는 사람들에 대한 이 사회의 배려가 최선이라고 볼 수 있는가?' 윤리적 관점으로 읽기는 이러한 쟁점을 발견하고 비판적으로 사고하는 과정인 것이다.

환경 문제는 과학적 상상력이 아니다. 환경이 파괴된 디스토피아 사회를 과학적 상상력으로 보여 주었을 뿐이며 환경 문제는 현실이다. 과학기술로 인해 발생하는 환경 문제는 지구 생명체 '실존'의 문제다. 환경 윤리는 생명 윤리와 매우 밀접한 관계를 지닐 수밖에 없다.

SF 소설에서 환경 파괴와 자원 고갈, 통제와 감시, 기술의 남용 등으로 일어난 '실존' 문제는 대체로 디스토피아를 배경으로 한다. 당연히 이 '생존' 문제는 환경 윤리를 망각했을 때 발생한다. 소설 『지구 끝의 온실』이 이런 과정을 잘 보여 주는 예일 것이다. 환경을 파괴한, 윤리적 행위의 주체이자 대상이 된 인간은 생존을 위해 거대한 돔을 세운다. 그러나 "숲이나 들판의 생물들을 위한 돔"은 만들지 않는다. 비인간 생명체의 실존이 또다시 위기를 맞게 되는 장면들은 '생물 다양성'을 고려하지 않는 인간중심주의를 상기시킨다. 인간중심주의에서 벗어난 환경 윤리 실천은 모든 생명체가 지구에서 함께 살아갈 조건을 잊지 않는 길이다.

그렇다면 이러한 환경 윤리를 생각하며 SF 소설을 읽을 때 유효한 질문은 무엇일까? 인간과 비인간의 관계, 자연에 대한 인간 개입의 정당성, 기술로 극복하려는 기술의 문제, 환경 보존을 위한 기술 개발의 윤리적 정당성 등에 관한 질문일 것이다. '환경 변화가 인간 사회에 끼치는 영향은 무엇인가?' '인간이 자연을 조작하는 행위가 정당화될 수 있는가?' '환경 변화가 왜 사회적 불평등을 가져오는가?' '기술은 인간과 자연의 관계를 어떻게 변화시켰는가?' '환경 보존을 위한 기술의 개발은 윤리적으로 정당한가?'

과학기술의 중요성만큼 관련한 윤리의 중요성도 기억해야 한다. 과학기술의 상업화는 이해 상충을 증폭하고, 과학 정보가 자유롭게 소통되는 일을 막을 가능성을 지닌다. 그렇더라도 기술의 연구 다양성은 존중되어야 한다. SF 소설을 윤리적 관점으로 읽는 일은 당장에 손에 잡히는 결론을 내리거나 무엇을 해서는 안 된다는 규범을 넘어 무엇이 좋은 삶인가 하는 궁극적인 물음을 던진다. 인류를 위한 과학기술의 소임을 자각하는 출발점이다.

참고문헌

김초엽(2019). 『원통 안의 소녀』. 창비.
김초엽(2021). 『지구 끝의 온실』. 자이언트북스
김초엽·김원영(2021). 『사이보그가 되다』. 사계절.
복도훈(2019). 『SF는 공상하지 않는다』. 은행나무.

홍준영(2021). 소생과 탄생 사이. 『당첨되셨습니다』. 비룡소.
郝景芳(2017). 人之彼岸. 中信出版集团股份有限公司. 강영희 옮김(2020). 사랑의 문제, 『인간의 피안』. 은행나무.
Chiang, T. (2010). *The lifecycle of software objects.* Subterranean Press. 김상훈 옮김. (2019). 소프트웨어 객체의 생애 주기, 『숨』. 엘리.
Pearson, M.(2008). *(The) adoration of Jenna Fox.* Square Fish. 황소연 옮김(2010). 『파랑피』. 비룡소.
Shelley, M.(1818). *Frankenstein.* Lackington, Hughes, Harding, Mavor, & Jones. 오숙은 옮김(2011). 『프랑켄슈타인』. 열린책들.

08

SF 소설과 융합적 사고

인간의 지식이란 정확히 나눌 수 있는 형태의 것이 아니라 편의상 구분한 것이다. SF 소설 속 세계의 지식도 현실 세계와 마찬가지로 본래는 그 경계가 없다. SF 소설을 다양한 관점으로 읽는 일련의 과정은 편의상 경계 지은 개별 관점들을 나눠서 생각하고 다시 융합하는 사고 과정을 포괄한다. 그 경계 없는 세계의 삶과 지식을 다양한 관점으로 읽는 과정에서 융합적 사고는 발현되며 융합적 시고는 세계의 사안들을 창조적으로 사고실험을 하는 데 필수 요소다.

SF 소설 읽기에서의 융합적 사고

이 책에서 제시하는 읽기 지도는 독자를 소설 읽기를 새로 배우는 학습자의 위치에 서도록 한다. SF 소설 읽기 지도는 융합적 사고 절차를 학습하는 특정 읽기 방식을 안내한다는 점에서 '지도'라는 용어를 사용하고자 한다. 이런 맥락에서 편의상 7장까지 '독자'로 칭했던 대상을 8장에서부터는 '학습자'의 위치에 두고 설명을 이어 가도록 한다.

사전적 정의에 따르면, '융합'은 종류가 다른 것들을 한데 녹여서 구별이 없게 하나로 합치거나 그렇게 만드는 일이다. 이 정의를 교육 담론으로 옮겨서 생각하면, '종류가 다른 것'은 각 분과 학문이고 '녹아서 구별이 없게 하나로 합치거나 하는 일'은 학제 간 융합을 의미할 것이다. 홍성욱은 이 학제 간 연구를 "지식을 구성하는 방법론, 이론, 모형, 법칙 들이 융합되어 새로운 지식이 만들어지는 과정"이 포함된 연구로 보았다(홍성욱, 2012). 교육에서의 '융합'은 대체로 이미 구획된 지식의 담론 내에서 학문 간의 융합으로 이해된다고 할 수 있다.

이에 비해 SF 소설에서 언급하는 '융합'은 교육 담론에서의 '융합'의 방식과는 차이가 있다. 교육 담론에서의 '융합'은 이미 칸막이가 있는 학제 간 지식의 형태들이 어떠한 방식으로든 융합하여 새로움을 창조하는 것이다. 반면 SF

소설에서는 삶이란 이미 여러 지식과 경험이 한데 녹아서 이미 구별되기 힘든 형태가 되어 있음을 전제한다. SF 소설 읽기에서의 융합적 사고는 "복잡하게 얽힌 기술 사회의 삶의 문제를 다양한 관점으로 해체하고 연결하여 봄으로써 문제의 본질을 비판적으로 이해하고 능동적으로 해결하도록 하는 사고이자 과정"이다(김정숙, 2023).

갈수록 복잡해지는 삶의 형태에서 일어나는 갈등이나 문제는 어느 한 가지의 지식과 경험으로는 풀 수 없다. 하나의 사태를 풀어 가는 과정에는 다양한 관점의 지식과 경험이 요구된다. 예컨대 『원통 안의 소녀』 '지우'의 문제는 개인 고유의 성격이나 행동에서 비롯되지 않았다. 지우의 갈등이 복잡한 기술 사회의 삶에서 비롯되었다는 근거는 '지우'의 갈등이 문학적 관점에서, 사회문화적 관점에서, 그리고 윤리적 관점에서만이 아니라 과학적 관점에서도 분석될 수 있다는 데 있다. '지우'가 사는 사회의 삶의 방식을 해체하고 재구성해 보는 읽기 과정은 '지우'의 갈등을 해결할 수 있는 방법론의 탐구 과정이기도 하다. 이 과정에서 독자의 융합적 사고가 발현된다.

융합적 사고의 과정

박휴용은 지식에 관한 통합적 관점이 최근 창의력 중심으로 변모한다고 강조한다. 그러면서 블룸의 교육 목표가 기억-이해-적용-분석-평가-창조로 새롭게 변화한 것을 근거로 삼는다. 블룸의 '창조'는 "새롭고 일관성 있는 전체를 형성하기 위해 요소들을 함께 묶거나 독창적인 산출물을 만드는 것"으로 이 단계에는 생성, 계획, 산출이 나타난다(박휴용, 2018).

이 '창조'는 SF 소설 읽기에서의 융합적 사고와 관련 있다. 이 융합적 사고가 일어나는 지점에서 블룸의 교육 목표 '창조' 단계가 완성되기 때문이다. 학습자가 SF 소설에 나타나는 개인과 사회 문제를 발견하였을 때 학습자에게 그 문제를 해결할 창조적 대안을 생각하도록 지도하는 일은 지속 가능한 창조적 아이디어 산출을 생성하도록 이끄는 일과 같다.

그런데 SF 소설에 나타나는 갈등이나 문제를 해결하려면 관습이나 상식 수준을 넘어서야 한다. SF 소설에 나타나는 삶의 문제들이 우리에게 매우 낯선 것들이기 때문이다. 이를 위해서는 우선 학습자의 분석적 사고가 필요하다. 분석적 사고는 소설에 나타나는 사회상이나 인간상을 해석하고 분석하여서 복잡다단한 세계의 삶의 문제를 명확하게 찾을 수 있도록 안내한다. 이렇게 발견된 삶의 문제를 창의적으로 해결하는 과정에는 비판적 사고 전략도 개입한다. 이 비판적 사고력과 관련하여 김영채는 문제 해결 과정에는 창의적 사고만이 아니라 창의적 사고와 비판적 사고 전략이 상보적 관계를 이루면서 그 기능을 수행한다고 말한다(김영채, 2013). 이런 점들을 고려할 때 SF 소설 읽기에서 융합적 사고가 발현되는 읽기 과정에는 분석적 사고, 비판적 사고, 창의적 사고가 유기적으로 상호작용한다고 할 수 있다.

융합적 사고를 위한 질문법

좋은 질문이란 여러 의미로 이해될 수 있다. 읽기 지도에 초점을 두어 본다면, 좋은 질문이란 질문하는 대상의 이해력을 높일 수 있는 질문, 그리고 사고력을 자극할 수 있는 질문, 이것을 통한 텍스트의 의미 구성에 도움이 될 수 있는 질문일 것이다. 제이 맥타이(Jay McTighe)는 학제 간 "전이 가능한 개념 및 과정에 대한 이해를 도모"하는 데는 핵심 질문이 중요한 역할을 한다고 말한다. 핵심 질문들이 정보의 '발견'과 비판적 '판단', 그리고 '새로운 문제와 기회'에 반응할 수 있도록 안내한다는 것이다(Wiggins & McTighe, 2013/2016). 이 관점은 SF 소설 읽기의 최종 목표와 연결하여 생각할 수 있다. 즉 좋은 질문은 '좋은 삶'을 위한 핵심 질문이라고도 할 수 있다.

독서 교육에서는 질문의 유형을 논의할 때 대체로 세 가지 맥락으로 크게 나눈다. 독자 맥락, 텍스트 맥락, 그리고 사회문화 맥락이 그것이다. SF 소설을 이 세 가지 맥락으로 나누어 질문할 때 무엇이 다른가를 살펴보자.

독자 맥락에서는 독자의 수준을 점검할 수 있다. 예컨대 "SF 소설은 일반 소설과 어떻게 다른가?"와 같은 질문으로 독자의 경험과 지식의 내용을 확인할 수 있다. 텍스트 맥락에서는 그야말로 텍스트 자체의 의미에 관한 질문이 필요하다. 텍스트 맥락에서는 다양한 관점으로 소설 속 삶의 형태를 물어보는 질문이 필요하다. "인물의 갈등은 무엇인가? 인물은 삶의 문제를 어떻게 받아들이고 있는가?" "소설 속 사회는 과학기술로 인해 어떤 혜택을 입는가? 소설에 나타나는 과학기술은 무엇 때문에 개발되었는가?", "소설 속 사회는 공평한 사회인가? 불평등을 겪는 인물은 누구인가? 무엇 때문에 그러한가?", "소설 속 사회는 윤리적 가치를 추구하는가? 소설 속 사회의 윤리적 가치는 인간 중심주의를 극복했는가?" 질문은 이 외에도 텍스트에 따라 얼마든지 가능하다.

중요한 것은, 위 질문들이 각각 별개의 것이 아니라 같은 사태를 다른 관점에서 조망한다는 점이다. 그리고 질문의 주체가 학습자도 교사도 될 수 있다는 점이다. 교사는 학습자의 수준에 따라 질문을 생성하도록 도울 수도 있고, 교사가 질문할 수도 있다.

마지막으로 사회문화 맥락에 관한 질문을 살펴보도록 하자. 이때의 '사회문화'는 텍스트 내 사회문화가 아니라 독자 현실의 사회문화 맥락을 뜻한다. 이 맥락에서 적절한 질문은 학습자 스스로 자기 평가와 성찰을 자극하도록 돕는다. 일반적으로 통용되는 질문, 예컨대 "수업을 통해 새롭게 알게 내용은 무엇인가?"를 시작으로, 보다 성찰적 질문으로 넓혀 가면 좋다. 다음과 같은 질문이 성찰적 질문으로 적절하다. "과학기술 사회에 대한 인식의 변화가 생겼는가? 있다면 무엇인가?" "내 삶의 기술 사회 이슈들을 비판적 관점에서 읽을 수 있겠는가?", " 삶의 문제가 발생했을 때 다양한 관점으로 해결하는 창의적 방법을 획득했는가?", "사회적 문제 해결 과정에서 인간과 사회의 지속 가능한 좋은 삶을 생각할 수 있는가?"

지금까지 SF 소설에서의 융합적 사고의 개념을 알아보고, 그 개념이 블룸의 교육 목표 단계 '창조'와 어떻게 연결되는지, 그리고 그 단계에 필요한 사고력은 무엇인지 알아보았다. 마지막으로는 SF 소설 읽기에서의 융합적 사고를 위한 질문은 어떠해야 하는가를 세 맥락에서 예를 들어 설명했다.

인간의 지식이란 정확히 나눌 수 있는 형태의 것이 아니라 편의상 구분한 것이다. SF 소설 속 세계의 지식도 현실 세계와 마찬가지로 본래는 그 경계가 없다. SF 소설을 다양한 관점으로 읽는 일련의 과정은 인간이 편의상 경계 지은 개별 관점들을 나눠서 생각하고 다시 융합하는 사고 과정을 포괄한다. 그 경계 없는 세계의 삶과 지식을 다양한 관점으로 읽는 과정에서 융합적 사고는 발현된다. 이때 융합적 사고는 세계의 사안들을 창조적으로 사고실험하는 데 필수 요소다.

참고문헌

김정숙(2023). 융합적 사고를 위한 SF 소설 읽기 지도 모형 개발 연구. 가톨릭대학교 박사 학위 논문.

김영채(2013). 『사고력 교육』. 유원북스.

박휴용(2018). 『융합지식과 융합 교육과정』. 전북대학교 출판문화원.

홍성욱(2012). 『융합이란 무엇인가』. 사이언스북스.

Wiggins, G., & McTighe, J.(2013). *Essential Questions.* ASCD. 정혜승·이원미 옮김(2016). 『핵심 질문』. 사회평론아카데미.

09

SF 소설 읽기 지도 모형

'좋은 삶'을 위한 SF 소설 읽기 지도 모형은 학습자의 융합적 사고가 발현되어 그것이 윤리적 실천으로 이어지게 하는 일련의 절차다. 융합적 사고를 촉진하는 읽기는 학생의 상상력, 지식과 경험, 텍스트에서 찾아낼 수 있는 다양한 범위와 수준의 내용, 사회문화 맥락에서의 현실 적용 등의 맥락 안에서 이뤄진다. 이 맥락에서의 다관점 질문들은 학생들의 분석적, 비판적, 창의적 사고를 촉진하여 학습자의 창조적 의미 구성이 이루어진다.

SF 소설 읽기 지도 모형 이해

'좋은 삶'을 향한 SF 소설 읽기는 삶의 문제를 서로 다른 관점으로 분석하여 재연결해 보는 비판적 이해의 과정이다. 또한, 단일 학문의 지식과 경험의 한계를 넘어서는 종합적 통찰이 발현되는 융합적 사고의 과정이기도 하다. 지식의 혼종(混種)인 삶의 문제에는 지식 간 경계를 넘나드는 문제 해결 방법이 필요하다. 이런 이유로 SF 소설 읽기 지도 모형은 단순히 학제 간 지식의 내용을 연결한 통합적 지식을 가르치는 데 머물지 않고, 어쩌면 도래할지도 모르는 미래의 문제를 직면하고 성찰적으로 실천할 수 있는 역량을 키우는 데 목적을 둔다. '좋은 삶'은 성찰적 실천에서 비롯될 수 있기 때문이다.

융합 과정

융합은 창조적 의미 구성과 윤리적 실천을 위한 내용, 수준이나 범위, 또는 단계의 융합으로 학습자의 지식과 경험이 반복, 누적, 확장되는 과정이다. 연구에 따르면 이러한 융합은 학습자의 이해를 바탕으로 분석적 사고, 비판적 사고, 창의적 사고가 상호교류하면서 발현된다(김정숙, 2023).

SF 소설 읽기 지도는 크게 세 가지 수준과 범위의 질문으로 학습자의 사고가 촉진되는데, 질문은 명시적 질문,

의미 구성 질문, 성찰적 질문으로 이뤄진다. 이 질문들은 전체 읽기 지도 과정을 이끌며 융합적 사고가 발현되는 일련의 과정으로 안내할 수 있다.

다음으로는 SF 소설 읽기 과정에서의 융합 요소를 살펴보자. 박휴용은 읽기 교육에서의 융합 요소를 융합 단위, 융합 방식, 융합 맥락으로 제시했다. 세 요소는 '융합' 지식과 융합 교육과정 연구에서 도출한 요소들이다(박휴용, 2018). SF 소설 읽기에서도 이 융합 요소가 함께 어우러지며 읽기의 내용과 융합 과정을 구성한다.

융합 단위 – 개념의 탐구, 문제 현상, 윤리적 실천

SF 소설 읽기 지도에서 안내되어야 할 개념은 SF, 과학적 상상력, '낯섦' 등과 같은 장르적 개념과 소설에 나타나는 과학적 개념이다. 개념 탐구는 소설을 이해하는 바탕이 된다. 이러한 개념 이해가 가능할 때 소설 속 삶의 갈등이나 문제를 발견하여 그 안에 내재한 본질적 문제를 찾을 수 있다. 윤리적 실천은 이 일련의 단위들이 융합되어야 가능한 최종 단위다.

융합 방식 – 다양한 관점의 지식과 경험의 융합

앞서 자세히 설명한 바와 같이 SF 소설 읽기에서의 융합은 소설 속 삶에 이미 녹아 있는 혼종(昏鐘)의 형태를 다양한 관점, 즉 문학적, 과학적, 사회문화적, 윤리적 관점으로 해체하고 재구성하는 방식이다.

융합 맥락 – 읽기 맥락에서의 시공간

SF 소설의 융합 맥락에서는 읽기 맥락에서의 시공간적 융합도 고려하여야 한다. 일반 소설에서는 현재, 또는 과거의 시공간 서사를 통해 미래를 말하나, SF 소설은 현실에 도래하지 않은 미래 서사로 현재와 과거를 말한다. 따라서 학습자는 SF 소설 속 낯선 시공간과 학습자의 시공간을 넘나드는 새로운 차원의 읽기 맥락을 경험한다. 예컨대 과학적 상상력이 빚어낸 소설 속 '낯섦'은 현재의 '잠재태'로 미래를 경고한다. '낯섦'은 소설 속 시공간의 것이고, '잠재태'는 학습자의 시공간인 것이다. 시공간적 맥락이 다른 '낯섦'과 '잠재태'의 융합적 읽기는 학습자에게 창조적 의미, 즉 우리의 삶은 지금 어떠해야 하는가에 대한 새로운 의미를 부여할 수 있다.

읽기의 맥락과 수준, 지도 내용

독자 맥락

SF 소설 읽기는 앞서 언급한 바와 같이 독자, 텍스트, 사회문화의 맥락으로 나눠서 지도한다. 독자 맥락에서는 SF 소설 읽기에 관한 독자의 상상력, 지식, 경험의 수준 파악이 중요하다.

독자 맥락에서의 목표는 주로 학습자의 기억과 이해이며, 지도 내용은 학습자의 장르 인식을 점검하고 장르 이해를 돕는 것이다. 이는 명시적 질문으로 하는 것이 좋다. SF 소설에 대한 읽기 경험과 장르 이해는 학습자마다 차이가 있기 마련인데 학습자가 가진 장르 인식에 따라 질문의 수준과 내용도 달라져야 한다. 학습자들은 SF 소설을 단순한 흥밋거리로 읽기도 하고 과학적 호기심이나 SF 장르에 관심이 있어도 읽는다.

텍스트 맥락의 읽기가 안내되기 전, 교사는 학습자에게 SF 소설 장르를 설명함으로써 학습자가 SF 소설 장르를 이해할 수 있도록 돕는다. 설명 수준은 학습자의 장르 인식 정도를 토대로 정하는 것이 좋다.

표1. SF 소설 읽기 지도 모형

맥락		융합 과정	목표	내용
독자	상상 지식 경험	명시적 질문	기억 이해	**장르 인식** 읽기 경험 점검 장르 이해
텍스트	개인	의미 구성 질문	이해 적용	**'낯섦' 탐색** 과학적 상상력 찾기
	지역 사회	다양한 관점 (문학 · 과학 · 사회 · 윤리) 분석적 사고 ⇕	적용 분석	**다관점 분석** 분석 내용 통합 삶의 문제 발견
	세계	비판적 사고 창의적 사고	평가 창조	**비판적 검토** 창의적 해결책 지속가능성 창조적 의미구성
사회 문화	현실 적용	성찰적 질문	평가	**성찰** 인식 변화 윤리적 실천 글쓰기 내면화

텍스트 맥락

텍스트 맥락에서의 의미 구성 범위는 개인, 지역사회, 세계 수준으로 범위를 넓혀 가고, 학습자 스스로 질문하고 생각하도록 지도한다. 교사의 질문도 필요한데 교사의 질문은 비계로서 작용하는 것이 바람직하다. 예컨대 『원통 안의 소녀』를 생각해 보자. '지우'가 겪는 기술 부작용의 의미는 '지우' 개인과 지역사회를 넘어 지구 환경 수준에서 생각할 수 있는 것이다. 이때의 의미 구성은 '지우' 개인의 삶이 아니라 기술 사회에서 소외된 자의 삶의 의미를 구성하는 일이 되는 것이다.

SF 소설 읽기의 텍스트 맥락에서 학습자의 의미 구성을 돕는 일은 필수며, 이를 위해서는 핵심 질문이 중요하다. 앞장에서 예시로 들었던 비판적 질문들, 즉 텍스트의 의미를 다양한 관점으로 읽을 때 요구되었던 질문이 바로 의미 구성 질문이자 핵심 질문이라 할 수 있다.

텍스트 맥락에서 지도할 내용은 '낯섦'을 우선하여 탐색하는 것이다. 교사는 SF 소설 텍스트에 나타나는 '낯섦', 즉 과학적 상상력이 조성한 새로움을 찾도록 안내하는데, 이 '낯섦'은 대체로 학습자가 자신의 지식을 활용하여 찾을 수 있다. 이 '낯섦'이 소설 속 삶의 문제와 깊이 연루되었을 가능성이 크기 때문에 '낯섦'과 관계된 문제들을 분석하면 삶의 본질적 문제를 찾아낼 수 있다. 이후에는 적절한 해결책을 세우고 세운 해결책을 비판적으로 검토하도록 돕는 것이다.

텍스트 맥락에서 학습자가 수행할 수 있는 최종 목표는 '낯섦'이 일으킨 삶의 문제를 창조적으로 의미 구성하여 해결하는 것이다. 창조적 해결은 학습자의 텍스트 이해와 다관점 학문의 지식 적용, '낯섦'의 의미 분석, 창의적 해결책과 지속 가능성 평가를 전제한다.

사회문화 맥락

사회문화 맥락에서 SF 소설을 읽기 지도한다는 것은 독자 맥락과 텍스트 맥락에서 얻은 지식과 경험을 통해 학습자가 깨닫고 느낀 점들이 현실의 삶에도 적용되도록 안내하는 것이다. 이 맥락의 목표는 학습자 스스로에 대한 평가다. 교사의 성찰적 질문은 학습자에게 자신의 인식 변화를 점검하게 하며, 지속 가능한 윤리적 실천 여부도 평가하도록 한다. 성찰 단계의 마지막은 글쓰기다. 교사는 학습자가 깨닫고 느낀 것들을 내면화하도록 글쓰기를 돕는다.

참고문헌

김정숙(2023). 융합적 사고를 위한 SF 소설 읽기 지도 모형 개발 연구. 가톨릭대학교 일반대학원 박사 학위 논문.

박휴용(2018). 『융합지식과 융합교육과정』. 전북대학교 출판문화원.

10

SF 소설 읽기 실제

SF 소설 읽기의 실제에서는 SF 소설의 장르 이해가 선결되어야 한다. SF 소설의 본질과 변천사에 관한 간략한 이해와 더불어 SF 소설 서사에 나타나는 과학적, 사회문화적 '낯섦'에 관한 이해가 중요하다. "소설 속 '낯섦'이 현실이 된다면"이라는 사고실험은 SF 소설 읽기의 기본 전제로, 학습자 스스로 이 사고실험을 즐기도록 하는 질문과 토론 수업이 중요하다. 소설 속 사안들과 연관된 뉴스 기사나 전문가 인터뷰, 관련 영상들은 사고실험의 보조 자료로 유용하다.

SF 소설 읽기 지도의 실제는 9장의 읽기 지도 모형에 제시된 지도 내용의 절차, 즉 장르 이해-'낯섦' 탐색-다관점 분석-비판적 검토-성찰의 순으로 설명하려 한다.

학습자의 장르 이해

학습자의 장르 인식은 학습자의 읽기 경험과 수준, 읽기 목적 등에 따라 달라질 수 있다. 예컨대 SF 소설을 많이 읽었으나 단순히 흥미로 읽었다면 읽기 과정에서 과학적 개연성은 고려하지 않았을 가능성이 있다. 반면에 과학적 개연성에 흥미가 있어서 평소 SF 소설을 찾아 읽거나, 아니면 실제 과학 이론에 흥미가 있는 학습자도 있다. 이때 교사는 장르의 기본 이해를 돕는 친절한 안내자로서, 때로는 과학적 호기심을 북돋는 협력자로서 SF 소설 장르에 대한 이해를 돕는다.

학습자의 장르 인식 점검이 끝난 다음에는 학습자에게 SF 소설의 정의적 특징과 역사적 변천사를 간단하게 설명하는 시간이 필요하다. SF 소설의 장르적 특징도 설명이 필요한데, 판타지(fantasy)나 호러(horror) 특징과 비교하여 설명하면 좋다. SF 소설 장르는 과학적 개연성을 특징으로 한다는 점을 강조한다. 초자연적 법칙이나 인간의 공포심을 다루는 타 장르와 구별하여 설명한다. SF 소설의 과학적 상상이 완전한 환상이 아니라 '이런 일이 가능할 수도 있다'라는 인지적 설득의 기제로 작용한다는 점을 이해시킨다.

대부분의 실제 학습자는 별도의 읽기 안내가 없으면 일반 소설을 읽는 방식으로 SF 소설을 읽는다. SF 소설은 SF 소설의 특성에 알맞은 읽기 방식으로 읽어야 저자의 메시지를 파악하기 쉽다. 예컨대 『지구 끝의 온실』에 나타나는 환경 문제는 사회문화 내 환경 인식, 과학적 이해, 윤리적 문제로 읽으면 좋다. 이러한 사전 안내는 학습자의 장르 이해에 도움이 된다.

'낯섦' 탐색

'낯섦'의 의미

SF 소설에 나타나는 과학적 상상력은 현실과 다른 낯선 새로움, '낯섦'을 조성한다. 예컨대 『프랑켄슈타인』에서는 인조인간의 창조가, 『클라라와 태양』에서는 인간보다 더 인간다운 AI 친구가, 『원통 안의 소녀』에서는 대기오염이 통제되는 사회, 그리고 신체권이 없는 의료용 클론의 존재가 과학적 상상이다.

과학적 상상력이 조성한 '낯섦'은 과학적 상상 그 자체가 아니라 그것들로부터 발생하여 독자가 마주하는 그 무엇이다. '낯섦'은 현실에서 마주할 수 없고 오직 소설 속 현재에만 존재하는 것이다. 이와 관련한 연구에 따르면 세 가지 '낯섦'이 있다(김정숙, 2023). 과학기술적 낯섦, 사회 환경적 낯섦, 윤리 도덕적 낯섦이 그것이다. 『2058 제너시스』를 예로 들어 보자. 소설에서 과학기술적 낯섦은 AI 스스로 철학적으로 사고하고 표현하면서 인간성의 본질을 묻는 데에서 발견할 수 있다. 이와 달리 사회 환경적 낯섦은 바이러스로부터 살아남기 위해 유전자 정보로 만든 신분 제도에서 발견할 수 있다. 윤리 도덕적 낯섦은 바이러스로부터 자신들을 보호하려고 이방인 사살이 의무인 소설 속 사회의 가치관에서 발견된다. 이러한 방식으로 학습자가 '낯섦'을 이해하도록 돕는다.

'낯섦'을 찾는 방법

'낯섦'은 인물이 처한 여러 문제와 영향 관계에 있을 가능성이 크다. 따라서 이 '낯섦'을 학습자 스스로 찾을 수 있도록 교사는 학습자에게 '낯섦'과 현실을 비교하도록 유도한다. 『2058 제너시스』를 예로 들어 보자. "소설 속 AI와 사람의 차이는 무엇일까?", "타자를 배척하여 자신을 보호하는 사회에서 사랑이나 우정이 온전히 이해될 수 있을까?", "유전자 정보가 사람의 능력을 판단하는 기준으로 사용되어도 될까?"

물론 소설의 내용에 따라 질문의 내용은 달라진다. 이 과정은 근미래의 문제들이 지금-여기에서 시작된다면 어떤 일이 펼쳐질 수 있는가에 대한 학습자의 인지적 이해와 적용이 필수다.

다관점 분석

학습자가 '낯섦' 탐색을 통해서 소설 속 세상이 현실과 다른 이유를 발견했다면, 교사는 이 문제들을 다관점으로 분석할 수 있도록 안내한다. 학습자의 유의미한 질문이나 이를 돕는 교사의 질문이 필요한데, 특히 학습자와 학습자, 학습자와 교사의 토론에서 핵심 질문이 생성되기 쉽다.

다관점 분석은 학습자가 가진 지식과 경험을 최대한 적용하여 소설 속 삶의 문제를 분석하는 것이다. 앞서 언급했던 『기억 전달자』의 예를 들어 보자. 인물의 성격, 인물의 내면, 인물이 처한 상황 등은 문학적 질문으로 파악할 수 있다. "조너스는 인류의 기억을 전달받으며 무엇을 깨달았을까?", "내가 조너스라면, 무엇을 가장 받아들이기 힘들었을까?" 등이 그런 예다. 반면, "조너스가 사는 사회에서 과학기술은 어떤 목적을 가질까?", "기억을 통제하는 기술이 사람들에게 끼친 영향은 무엇일까?" 등은 과학적 관점에서 나오기 쉬운 질문이다. 사회문화적인 관점에서는 다음과 같은 질문들이 가능할 것이다. "누구에게나 적성에 알맞은 직업을 부여하는 이 사회, 평등한 사회일까?", "폭력, 굶주림, 차별 없는 이 사회가 인류의 문제를 극복했다고 할 수 있을까? 없다면 그 이유는 무엇일까?" 등이 가능할 것이다. 마지막으로, 윤리적 관점에서는 "이 사회는 무엇을 최고의 가치로 생각할까?", "조너스의 탈출은 바람직할까?" 등이 윤리적 질문이 가능할 것이다. 이처럼 여러 관점으로 생각하여 그에 알맞은 의견을 찾아가는 과정이 중요하다.

다음은 앞의 다관점 분석의 내용을 취사 선택하여 종합한 예다. 토론 과정에서 취사 선택한 종합적 의견은 얼마든지 다를 수 있다. "조너스는 역사의 조각들을 경험하면서 감정을 배웠고, 마을의 실체를 깨달았다. 조너스의 사회는 인류의 '기억'을 제거하여 평등하고 안전한 사회를 이룩한 것 같으나 실은 엄격한 감시와 통제로 유지되는 사회다. 마을 사람들은 기계처럼 움직이며 삶의 의미를 모른 채 살아간다. 마을 사람들에게 진실을 알려 주고 인간다운 삶을 살게 해야 한다. 따라서 마을 사람들에게 진실을 알려주는 조너스의 탈출은 바람직하다." 학습자는 분석한 내용을 이러한 방식으로 종합해 나가는 과정에서 사회의 본질적 문제를 발견할 수 있다.

비판적 검토

비판적 검토 단계는 발견한 문제를 어떻게 해결하는 것이 바람직한가를 평가하고 검토하는 단계다. 이 과정에서는 여러 학습자가 여러 가지 해결 방안을 놓고 벌이는 토론이 매우 중요하다. 해결책이 실행되었을 때 일어날 수 있는 갈등, 실행 과정의 어려움, 부작용, 지속 가능성, 추구하는 가치와 불일치 등을 토론에서 검토하는 것이다.

토론 과정을 거친 최종 해결책은 다양할 수 있다. 예컨대, "조너스의 탈출은 기억의 반환으로 이어진다. 따라서 인류의 고통과 감정을 알아버린 사람들, 그리고 그 충격으로 인한 혼란스러운 사회를 예상할 수 있다. 마을 사람들이 기존의 감시와 통제, 스피커(언론)의 문제를 지혜롭게 해결해야 하는 것이 중요하다. 마을이 보유한 기술은 본래 평등 사회를 목적으로 한 것이었다. 좋은 삶을 위한 적정 기술은 활용하되, 과거에 보였던 기술의 부정적 측면은 견제해야 한다. 그러면 과거 사회보다 인간다운 삶을 살 수 있을 것이며 이러한 삶은 지속 가능한 삶일 수 있다. 이를 위해서는 시민 연대 의식이 강화되어야 한다."

만약 SF 소설과 현실의 이슈를 연결할 자료가 있다면 활용할 것을 추천한다. 예컨대 『기억 전달자』의 '기억'과 관련하여 '뇌 이식' 관련 뉴스, '기억'을 잃은 사람의 특징을 다룬 영상 매체를 보조 자료로 활용하면 학습자의 이해를 도울 수 있다.

성찰

성찰 단계에서는 성찰적 질문이 중요하다. 스스로 학습 결과가 일상의 윤리적 실천으로 이어질 가능성을 묻는 것이다. 윤리적 실천은 비판적 의식이 일어나는 학습자의 변화, 시민 참여 연대에 관심을 가질 가능성 등에서 시작된다. 키오스크(kiosk) 사용이 불편한 노인을 볼 때, 생명공학 연구가 성공했다는 기사를 읽었을 때, 고인(故人)이 된 유명인을 AI 기술로 만날 때 우리는 무엇을 생각해야 하는가. '좋은 삶'을 향한 학습자의 윤리적 실천은 아주 작은 움직임에서부터 시작된다.

참고문헌

김정숙(2023). 융합적 사고를 위한 SF 소설 읽기 지도 모형 개발 연구. 가톨릭대학교 일반대학원 박사 학위 논문.

김초엽(2019). 『원통 안의 소녀』. 창비.
김초엽(2021). 『지구 끝의 온실』. 자이언트북스
Beckett, B.(2006). *Genesis*. Text Publishing. 김현우 옮김(2010). 『2058 제너시스』. 내인생의책.
Ishiguro, K.(2021). *Klara and the Sun*. Knopf. 홍한별 옮김(2021). 『클라라와 태양』. 민음사.
Lowry, L.(1993). *The Giver*. Houghton Mifflin Harcourt. 장은수 옮김(2007). 『기억 전달자』. 비룡소.

지은이

김정숙

현재 살레시오 교육영성센터 강사, (사)엠에이피 교육공작소 이사로 활동 중이다. 도서관이나 학교에서 청소년, 대학생, 일반인을 대상으로 오랫동안 독서 관련 강의를 하고 있다. 국제사이버대학교 겸임교수, 그리고 인천시교육청 위탁 독서프로그램 연구의 연구원으로 일한 적이 있다. 건국대학교에서 섬유공학을 전공했다. 이후 가톨릭대학교에서 일반대학원 독서학과 석사, 일반대학원 교육학과 독서교육 전공으로 박사 학위를 받았다.
석사 논문 "질문생성을 통한 비판적 읽기 강화 방안 연구"(2016), 학술지 논문 "과학소설에 나타난 인조인간의 의미와 그 교육적 유용성"(2021), 박사 논문 "융합적 사고를 위한 SF 소설 읽기 지도 모형 개발 연구"(2023)가 있다.